MONSIEUR DE BOISDHYVER

PAR

CHAMPFLEURY

2

PARIS
ALEXANDRE CADOT, ÉDITEUR
37, rue Serpente.

1857

MONSIEUR DE BOISDHYVER 2450

Ouvrages d'Alexandre Dumas.

Le Pasteur d'Ashbourn.	8 vol.
Mes Mémoires.	22 vol.
Olympe de Clèves	9 vol.
Conscience	5 vol.
Un Gilblas en Californie.	2 vol.
Les Drames de la Mer.	2 vol.
Histoire d'une colombe	2 vol.
Ange Pitou (suite au *Collier de la Reine*).	8 vol.
Pauline et Pascal Bruno.	2 vol.
Une vie artiste.	2 vol.
Le Trou de l'Enfer	4 vol.
Dieu dispose (suite au *Trou de l'Enfer*).	6 vol.
La Femme au collier de velours	2 vol.
La Régence	2 vol.
Louis XV.	5 vol.
Louis XVI.	5 vol.
Les Mariages du père Olifus.	5 vol.
Le Collier de la reine.	11 vol.
Les mille et un fantômes	2 vol.
Le Véloce.	4 vol.
Mémoires d'un Médecin et Césarine.	20 vol.
Les Quarante-Cinq	10 vol.
La comtesse de Salisbury	6 vol.
Tomes 3, 4, 5, complétant la première édition.	3 vol.
Les deux Diane	10 vol.
Le Bâtard de Mauléon	9 vol.
Le Chevalier de Maison-Rouge	6 vol.
Une Fille du Régent	4 vol.
La Comtesse de Charny.	19 vol.
Catherine Blum	2 vol.
Les Mohicans de Paris	19 vol.
Ingénue	7 vol.
Page (le) du duc de Savoie.	8 vol.
El Saltéador.	3 vol.
Vie et aventures de la princesse de Monaco.	6 vol.
Souvenirs de 1830 à 1842	8 vol.
Grands Hommes (les) en robe de chambre	
1° RICHELIEU.	5 vol.
2° HENRI IV.	2 vol.
3° CÉSAR.	7 vol.
Salvator le Commissionnaire	6 vol.
Journal de madame Giovanni	4 vol.
Madame du Deffand.	2 vol.
La Mecque et Médine	6 vol.
Le Lièvre de mon grand-père..	1 vol.

Fontainebleau, Imp. de E. Jacquin

MONSIEUR
DE
BOISDHYVER

PAR

CHAMPFLEURY

2

PARIS
ALEXANDRE CADOT, ÉDITEUR
37, rue Serpente.

1857

1

Un étudiant de province.

Tous les matins, à huit heures, le docteur Richard se rendait à l'hôpital, où sa visite était attendue avec une véritable impatience. Il n'est pas rare de trouver un hôpital tiraillé dans tous les sens par les trois pouvoirs qui y dominent et y luttent sans cesse. L'administration civile est en guerre avec la corporation des religieuses, les religieuses avec le corps médical, et on voit même des sous-schismes s'élever entre les médecins et les pharmaciens. Chacun tirant à soi pour acquérir de l'importance, les malades se trouvent pris au milieu de ces conflits et en souffrent nécessairement, mais le docteur Richard, par la loyauté de son caractère et sa franchise, s'était attiré les sympathies des pouvoirs différents.

Souvent il arrivait que les sœurs et le directeur le prenaient pour arbitre quand une difficulté se présentait entre eux. Sans doute le médecin de l'hôpital n'avait pas obtenu cette immense confiance de prime-abord, mais depuis vingt ans qu'il occupait sa place, après avoir vu passer trois directeurs, une vingtaine de sœurs, il fut à même d'étudier la conduite à tenir au milieu de ces petits drames intérieurs.

L'hôpital de Bayeux, élevé dans l'enceinte d'un ancien couvent, a conservé quelques parties imposantes, mais glaciales et humides. Le docteur Richard, par des améliorations prudentes faites chaque année, prit à tâche d'enlever les souvenirs monacaux pour les remplacer par des constructions modernes moins sombres, qu'il jugeait devoir être d'un grand effet pour la convalescence des malades. La cour où se promenaient les convalescents fut plantée d'arbres; un grand bassin fut creusé, servant à alimenter un jet d'eau; on sema du gazon et on dessina des parterres dans un grand terrain vide où ne poussaient que des chardons et de mauvaises herbes. Des bâtiments vides et de grands hangars s'élevaient au bout de ce terrain abandonné, le docteur les changea en écuries, et y fit établir des vaches et des chèvres, afin d'avoir du lait excellent pour les malades. Les beuglements des vaches, l'odeur du fumier, le mouvement des gens attachés au service des écuries, produisaient l'action la plus favorable sur les malades, qui, au lieu de l'ancien cloître aux murs noirâtres où ils se promenaient en capotes grises dans les longs corridors, pouvaient se croire presqu'à la campagne. Le docteur avait une grande foi pour tout ce qui frappe les yeux : l'hôpital de province est plus effrayant à l'esprit que l'hôpital parisien.

A Paris, la vie est tellement agitée, si remplie de bas et de hauts, que l'homme qui lutte arrive à une complète indifférence pour ce qu'il arrivera de sa guenille. La répulsion est si peu vive contre l'hôpital, que certains êtres le regardent presque comme un lieu de jouissance, comme une maison de campagne d'hiver ; mais en province le préjugé contre l'hôpital est resté dans toute sa force, c'est avouer trop hautement sa détresse. Le docteur Richard jugeait que l'effet moral, produit sur le malade par la nécessité d'entrer à l'hôpital, était déjà trop grave pour n'être pas obligé de corriger cette impression par des embellissements intérieurs qui devaient rendre au malade sa tranquillité. Au lieu des immenses salles qui ne contenaient pas moins de soixante lits, il les fit diviser en petites chambres de quatre lits; il obtint ainsi d'être débarrassé de l'humidité qui avait trop beau jeu dans les salles. Il fit enlever les dalles du couvent pour les remplacer par de petits carreaux vernis, d'une manufacture voisine de la ville; ainsi, chaque année, il apporta des améliorations tellement visibles, qu'on ne discutait plus ses projets et qu'on le laissait maître absolu de l'hôpital.

Il augmenta d'un le nombre des internes, s'adjoignit deux externes qu'il dressait en cinq ans à faire d'excellents officiers de santé; les sages femmes qu'il forma étaient toujours les premières reçues à l'époque des examens. Le docteur Richard avait pour élève favori Claude Bernain, qui, quoique externe, avait su mériter sa confiance; plus intelligent que les internes, Claude allait quelquefois visiter les malades à la campagne, quand le docteur était trop pressé et appelé ailleurs.

— Mon cher Claude, lui disait le médecin, vous devriez travailler beaucoup, vous feriez un excellent médecin; mais vous pensez trop aux femmes... Prenez garde, les femmes vous joueront un mauvais tour... Elles vous enlèvent la force, le courage... et il en faut pour être reçu docteur.

— Bah! disait Claude, j'en saurai toujours assez pour être officier de santé et gagner ma vie dans un village.

— Ne croyez pas que vous serez heureux au village, mon cher Claude ; les temps ne sont plus où un homme se retirait au village après quelques études, et exerçait tranquillement la profession d'officier de santé. Il y a dix ans, l'éducation rétrécie s'adressait seulement à quelques êtres privilégiés. Chacun en prenait ce qu'il pouvait ou ce que les parents voulaient. Mais vous, avec votre intelligence, à trente ans, perdu dans un petit village, vous vous repentiriez de n'avoir pas profité de mes conseils, vous seriez au-dessus de votre condition, vous la trouveriez mesquine, vous en rougiriez. C'est ainsi qu'on se crée une vie misérable, car l'homme qui a de continuels reproches à se faire mène une existence empoisonnée. Croyez-moi, étudiez à force, ne manquez pas à mes visites comme il vous arrive quelquefois, et pourquoi? parce que vous avez passé une partie de la nuit à courir les rues, à boire, à jouer au café... Vous avez une nature malheureusement faible, qui vous entraîne à des excès; résistez une seule fois, vous verrez le contentement qui poindra à l'intérieur et dont vous serez tout fier.

Tous les mois, le docteur Richard avait besoin de remonter son élève, qui protestait de ses bonnes intentions, et cependant retombait toujours dans ses faiblesses; cependant un progrès se manifesta chez Claude Bernain, qui fut reçu officier de santé et qui continua de suivre les leçons du docteur Richard. Si ce jeune homme eût été dans un grand centre, le contact des gens intelligents et des travailleurs eût pu changer sa destinée; mais la petite ville amène trop souvent la paresse et la débauche. Malheur à celui qui tombe dans le groupe de jeunes gens riches et désœuvrés qui peuple le café d'une petite ville! Il sera pris comme dans un piége, ou il aura besoin d'une force morale immense pour échapper au danger. C'est la vie commune, il n'y a pas comme à Paris à choisir entre le vice et la vertu. Les avis du docteur Richard étaient excellents, mais en sortant de l'hôpital, Claude Bernain retrouvait ses amis et se laissait entraîner sans pouvoir résister.

Il eût fallu un courage considérable pour s'enfermer, au sortir de sa leçon, dans sa petite chambre, étudier et passer les nuits; mais à la table d'hôte, l'étudiant retrouverait ses camarades : Bayeux n'est pas assez grand pour éviter de rencontrer quelqu'un. D'ailleurs, on ne peut s'enfermer en province; on ignore ces moyens qui font qu'un travailleur, à Paris, peut rester invisible des mois entiers à ses amis les plus dévoués. Claude Bernain eût-il essayé ce moyen, que, la nuit, ses camarades de débauche eussent fait le siége de sa maison; tout le liait à eux, jusqu'à sa maîtresse, qui était la compagne des maîtresses de ses amis.

Le docteur Richard, sans comprendre tout à fait la situation de Claude Bernain, la soupçonnait assez pour qu'il lui dît, le lendemain de sa visite à madame Le Pelletier :

— Claude, il faut absolument que vous

entriez comme interne à l'hôpital ; mon second s'en va, je désire que vous preniez sa place.

Il était entré dans la pensée du docteur de rattacher l'idée de Claude à celle de Suzanne, dès les premières ouvertures de madame Le Pelletier, touchant l'avenir de sa fille, les noms de Claude et de Suzanne s'étaient soudés dans son esprit, brusquement et sans motifs antérieurs ; d'abord le docteur Richard repoussa cette idée comme irréfléchie et manquant de bases, mais il en fut poursuivi aussitôt qu'il eut quitté la veuve du président, et la nuit elle se représenta, empruntant de nouvelles forces à sa continuité. Cependant Claude Bernain n'avait pas de position, pas d'avenir, et Suzanne pas de fortune; cette union semblait contre toutes les lois du bon sens; mais peu à peu l'idée première développa et enlaça le docteur de détails favorables qui se campaient solidement les uns à côté des autres, et qui finirent par prendre l'aspect d'un corps sérieux, déterminé à lutter contre les raisonnements contraires qui se dessinaient vaguement dans le lointain.

Claude Bernain était jeune et intelligent. Tel fut le premier boulet lancé par les soldats qui défendaient sa cause. A cela il fut riposté par l'armée ennemie : Claude a une intelligence vive et prompte, il est vrai mais se contentant d'effleurer un sujet, ne creusant rien et reculant devant le travail. Et pour porter un coup plus vif : Claude a une jeunesse dissipée.

— Qu'importe une jeunesse dissipée ? reprirent les auxiliaires de l'étudiant, s'il oublie dans sa maturité les excès et les folles joies de la jeunesse.

Le docteur Richard, qui avait eu tant de peine à Paris à modérer son ardeur de plaisirs, retrouvait dans sa mémoire les noms de certains de ses camarades qui, malgré une vie agitée, étaient arrivés, vers les trente ans, à se faire une carrière honorable. Aussi il se rangea du côté des alliés de Claude. On pouvait le garder deux ou trois ans comme interne à l'hôpital, l'étudier, et, s'il échappait à ses mauvaises relations, n'était-ce pas un signe qu'il était corrigé?

La clientèle d'une petite ville est rude à conquérir, et Claude n'a pas le moyen de végéter, marié à une femme qui ne lui apporte qu'une faible dot; mais là, le docteur vint en aide à l'armée qui l'assiégeait :

— Je ferai Claude mon successeur, disait le docteur, j'ai encore cinq ou six ans à exercer, jusque-là je le garderai avec moi, il m'accompagnera dans mes visites, peu à peu j'habituerai mes clients à le regarder comme un autre moi-même, il a un abord assez sympathique pour plaire aux malades, nul doute qu'il ne conserve toute ma clientèle. De ce jour il aura largement de quoi vivre, entretenir un ménage, et Suzanne sera heureuse.

Les ennemis tirent une nouvelle sortie : Suzanne aura-t-elle jamais quelque penchant pour Claude? Alors le docteur se mit la main devant les yeux ; c'était sa manière de réfléchir et d'appeler, comme dans une chambre noire, le souvenir des choses qu'il avait vues. Dans le demi-jour produit sur sa figure par sa main vint se retracer l'image de l'intérieur de madame Le Pelletier ; le petit salon aux panneaux gris, le portrait du président regardant sa femme et sa fille qui travaillaient près de la fenêtre, et la figure pleine de sérénité de Suzanne, sur laquelle aucune passion n'avait eu prise, sembla sourire au docteur pour le remercier de ce qu'il voulait bien s'occuper de son avenir. Le docteur Richard ne put s'empêcher de se frotter les mains de plaisir ; comme il pensait que sa pensée, fortement appliquée à ce sujet allait s'ébattre ainsi toute la nuit et chasser le sommeil, il sauta résolûment au bas du lit et se plongea dans la lecture de volumes médicaux qu'il venait de recevoir. Ce fut plein de gaîté qu'il arriva à l'hôpital le lendemain matin et qu'il manifesta à Claude son désir de le voir entrer comme interne dans son service. Claude ne répondit pas d'abord.

— Allons, tu ne seras jamais bon à rien, dit le docteur avec sa brusquerie ordinaire, qui prenait un ton plus rude de ce qu'elle était contrariée dès l'abord ; va-t'en, je n'ai plus besoin de toi, va-t'en, tu as encore moins besoin de moi... Tu en sais trop pour un officier de santé ; va t'établir dans un village, tu me diras au bout d'un an ce que tu auras tiré des paysans normands. Je n'ai plus qu'un conseil à te donner : quand un malade se présentera chez toi, tâte lui avec adresse la poitrine, l'estomac, descends ta main soigneusement et pratique alors l'auscultation du gousset ; voilà la vraie médecine, monsieur l'officier de santé... Quand tu auras ausculté de la sorte six cents paysans par an, qu'ils t'auront fait crever deux chevaux de fatigue, que tu auras passé des nuits à l'humidité et à la neige, tu verras ce que rapporte un bon brevet d'officier de santé.

— Mais, monsieur Richard...

— Adieu, te dis-je, tu en sais assez pour laisser crever tranquillement cinq ou six communes.

— Je n'ai pas parler de m'établir.

— Autant vaudrait l'avoir dit puisque tu refuses de travailler. La vie d'externe à Bayeux est donc bien agréable, bien réjouissante, que monsieur l'officier de santé craigne d'y renoncer un moment.

— Monsieur Richard, je ferai comme il vous plaira.

— Eh bien ! je te croyais plus de caractère, Claude; je ne sais si je dois compter sur toi maintenant, demain tu peux me planter là, et vraiment ce serait dommage de perdre un officier de santé si savant... Sais-tu ce que c'est que d'être interne ? Je m'en vais te le dire. Tu t'engageras à ne jamais sortir de l'hôpital que quand je t'en donnerai la permission... Après mon service, tu travailleras à la pharmacie à confectionner toutes les ordonnances, il faut qu'un médecin connaisse à fond la manipulation des drogues. L'après-midi tu étudieras et tu me rédigeras des extraits des livres que je t'indiquerai, tu couperas ce travail par trois visites aux malades... à huit heures du soir, après une dernière visite tu te coucheras, afin que si on te réveille la nuit pour un besoin urgent, tu puisses reprendre sans trop de fatigue ton service du lendemain.

— Je le ferai, dit Bernain.

— Ce n'est pas tout, tu devras apporter

une grande circonspection dans tes rapports avec le directeur; tu représentes le médecin; mais tu n'en es pas moins sous ses ordres. Évite toute espèce de conflit, et s'il se présentait quelque difficulté, ne te laisse pas emporter par la jeunesse, attends jusqu'au lendemain et préviens-moi, car je ne veux pas que par quelque faute irréfléchie de ta part, tu sois forcé de faire des concessions. Les sœurs de l'hôpital sont excellentes, sauf la sœur Sulpice, qui a les nerfs un peu délabrés, et que cette maladie rend difficile à vivre... Ne fais pas attention à ces irritations passagères ; si tu n'es pas de force à les supporter, arrange-toi pour ne pas te rencontrer avec elle quand ses crises la prennent... Pour les infirmiers, traite-les sévèrement et veille à ce qu'ils n'exploitent point les malades... Je veux savoir tout ce qui se fait ici, même quand je n'y suis pas, et tu seras mon bras droit....Ne crois jamais avoir trop d'égards pour les malades; ils sont malheureusement poussés par leur état à la défiance, à l'inquiétude, à l'amertume, ils disent du mal de moi, je ne les ai pas entendus, mais cela ne peut être autrement; s'ils m'aimaient trop, c'est qu'ils ne seraient pas malades... Sois donc bon avec eux, et si tu les entends grommeler contre mes ordonnances, feins de ne pas les entendre... Songe, Claude, que je suis parti de plus bas que toi; si tu le veux, tu as ta position dans ta main... applique ta volonté à devenir un médecin considérable et tu le deviendras... L'homme peut ce qu'il veut; mais garde ton orgueil au dedans, et ne l'étale pas de façon à choquer les gens... Si j'avais de l'ambition politique, je serais maire de Bayeux il y a longtemps, j'aurais peut-être pu me faire nommer député... Songe à cela, travaille, et je te promets de m'inquiéter de ton avenir.

Claude Bernain promit tout ce que désirait le docteur, et le remercia vivement des bons conseils qu'il venait de lui donner; l'étudiant en comprenait la justesse et se trouvait heureux de sortir de la vie fainéante que depuis longtemps il menait dans la ville; enfin, il échappait à ses camarades de débauche, et il lui était donné de se retremper dans un endroit

tranquille où tout l'invitait au travail.
Claude se sentait un certain orgueil à diriger l'hôpital en l'absence de son patron;
car dans la journée, et à moins d'un cas
extraordinaire, il pourrait décider de tout,
faire une opération qui se présentait, commencer un traitement, étudier les symptômes d'une maladie, en faire un rapport
au docteur le lendemain. C'était déjà une
confirmation de son savoir qu'une telle
place; combien serait-il heureux s'il ne
s'était pas trompé, et si le docteur Richard
approuvait les premiers secours donnés à
ses malades en son absence! En ce moment, Claude était tout dévoué à la science,
et ne rêvait plus que maladies, épidémies,
fatigues de jour et de nuit, dans l'intérêt de
l'humanité souffrant.

Ayant ainsi songé dans sa cellule, il alla rendre visite au directeur pour lui annoncer sa nomination. Le directeur le félicita d'avoir accepté ce poste et d'être sous la tutelle du docteur Richard. Les sœurs firent également l'éloge du médecin, et les infirmiers saluèrent monsieur l'interne avec beaucoup plus de considération qu'ils n'en accordaient à l'externe. Claude visita aussi les salles de malades, qui lui inspirèrent plus de pitié qu'auparavant, car ils devenaient *ses* malades, et une partie de leur guérison et de leur bien-être était dans ses mains.

A neuf heures, l'étudiant était couché, ce qui ne lui était pas arrivé depuis bien des années, et, ne trouvant pas le sommeil immédiatement, il réfléchissait à la tranquillité de cette vie facile, au bien-être que le corps doit contracter dans une vie si uniforme et si réglée; en même temps il se demandait à quoi pensaient à cette heure ses amis de ne pas le voir, car il était toujours le premier au rendez-vous, et, pour ne pas perdre la bonne impression des paroles du docteur, il n'avait voulu prévenir personne. Comme il logeait en garni, il avait envoyé chercher sa malle, son linge, et il espérait vivre à l'abri des importunités de ses camarades. Une seule chose lui tenait au cœur, c'était d'abandonner sa maîtresse, la plus jolie ouvrière en dentelles de Bayeux, Julienne, fille de la Matussière, qui joua un grand rôle dans la ville, trente ans auparavant. Claude aimait Julienne d'autant plus que la Matussière s'opposait autant qu'elle le pouvait à leurs rencontres.

La Matussière, beauté célèbre sous l'Empire, qu'on citait à Bayeux comme une merveille à cette époque, après avoir été richement entretenue et avoir mené un train de princesse, était tombée dans la misère et exerçait l'état de repasseuse de fin. Jusqu'à quarante-cinq ans elle trafiqua de ses charmes, tint table ouverte et reçut nombreuse société de jeunes gens : c'était chez elle que s'organisaient des liaisons entre jeunes gens et jeunes filles; elle était en quête d'ouvrières pauvres et leur procurait des connaissances. Claude Bernain, mené dans cette maison signalée à Bayeux comme un lieu de perdition, devint amoureux de Julienne un an auparavant son entrée à l'hôpital.

Jusque-là Julienne, malgré les leçons de débauche qu'elle recevait de l'entourage de sa mère, avait résisté à toutes les galanteries et aux offres nombreuses des soupirants; la liaison de l'étudiant et de la jeune ouvrière resta quelque temps ignorée de la Matussière, mais elle finit par l'apprendre, et elle menaça sa fille de la battre si elle continuait de *rouler avec un pareil gueux;* car la misère s'était introduite dans le logis de la Matussière, et peut-être se faisait-elle encore des idées de splendeur et de bien-vivre en pensant à sa fille. Cependant, après des scènes violentes, après avoir enfermé Julienne, la Matussière, voyant que ses violences ne faisaient qu'accroître la passion de Julienne pour Claude, la laissa tranquille à son premier amour. Elle espérait qu'un jour sa fille se fatiguerait de Claude, et que, bien dirigée, elle comprendrait mieux ses intérêts.

Claude avait compris la tolérance de la Matussière, et n'oubliait pas qu'il avait une ennemie près de sa maîtresse : c'est pourquoi il craignit que la mère ne profitât de son entrée à l'hôpital pour lui enlever sa fille. Désormais il était lié à son service, et le docteur Richard l'avait prévenu qu'il ne devait compter tout au plus que sur une sortie par semaine ; mais Claude commençait à se fatiguer de cette liaison qui lui prenait une bonne partie de ses soirées ; il trouva même que la difficulté de voir souvent Julienne ne pouvait qu'ajouter au plaisir de la retrouver, et il s'endormit la conscience en paix.

II

Nouvelle visite aux Garnier.

Cyprien, après avoir prévenu le docteur Richard, était resté quelque temps sans voir les Garnier, car le docteur lui avait dit qu'il fallait étudier la marche de l'aveuglement, et que bien certainement il n'opérerait pas la Garnier avant un mois ou deux ; l'instruction faite par Cyprien au village des Vertes-Feuilles l'occupa beaucoup. Cependant toujours sa pensée se tournait vers cet intérieur honnête et pauvre, le plus digne de compassion qu'il eût rencontré dans ses visites charitables. D'un autre côté, le nouveau palais épiscopal allait être inauguré, et ce n'était pas sans grandes occupations que M. de Boisdhyver songeait à quitter le séminaire.

Cyprien, surchargé de besogne (il avait à faire une partie de la correspondance de l'évêque), était occupé une grande moitié de la journée à presser les ouvriers qui auraient fait damner un concile de saints par leur lenteur, car la bâtisse provinciale est renommée par le calme qu'elle apporte à ses constructions. Malgré ses occupations, Cyprien qui avait laissé quelques misères en suspens, demanda un jour de congé à l'évêque pour rendre visite à des malades : c'était véritablement pour lui plus qu'un congé, une fête, et M. de Boisdhyver qui lisait dans les yeux de son secrétaire l'impatience qui le tenait, lui dit en lui serrant la main et en lui glissant en même temps une bourse qui cliquetait assez gaîment.

— Allez, mon cher Cyprien, si un peu d'or peut faire un heureux d'un malheureux, ne le ménagez pas... d'ailleurs, il y a huit jours que nous faisons des économies ; surtout revenez les mains vides.

C'était assis devant une petite table chargée d'un seul plat de légumes que M. de Boisdhyver parlait ainsi : comment n'eût-il pas fait passer la charité dans les cœurs les plus durs ? Cyprien s'étonnait moins qu'un autre de la frugalité de l'évêque, car lui-même, fils de paysan pauvre, ayant passé jusque-là sa vie au séminaire, ne connaissait pas les superfluités de la table des riches. Il put flairer les grasses et fines odeurs qui s'échappaient de la cuisine du chanoine Godeau ; en entrevoyant quelquefois par une porte entre-bâillée le service brillant de la table du supérieur du séminaire lorsqu'il recevait les autorités de la ville, il pouvait comparer jusqu'à un certain point la vie de privations de M. de Boisdhyver et celle d'autres prêtres qui veillaient à l'entretien de leurs corps.

Il n'y avait point de réformes et de petites économies que ne s'imposât l'évêque. Bien souvent Cyprien l'avait vu marcher à grands pas pendant un quart d'heure dans une petite cour isolée dépendant du corps de bâtiment où il logeait : c'était pour rendre le mouvement au sang et le réchauffer, sans avoir besoin d'allumer deux maigres tisons du foyer dont on ne vit jamais la fin. L'évêque arrivait à de sublimes avarices pour ses pauvres, et, de même que ces ladres qui jettent tout à coup leur argent dans le gouffre d'un vice, M. de Boisdhyver, quand il s'agissait d'aumônes, laissait aller sa générosité à toutes voiles ; mais il avait trouvé dans Cyprien le plus intelligent et le meilleur distributeur de secours. Peu à peu le jeune prêtre put sonder la véritable misère, et en reconnut les écueils ; si, dans les premières visites, il se laissa entraîner aux apparences, plus tard, une sage expérience et une connaissance exacte de la souffrance lui servirent à distribuer des offrandes réellement utiles. Il étudia les misérables sans y apporter de défiance, et prit à tâche de donner beaucoup là où il croyait qu'une famille pouvait encore se relever ; alors il deve-

naît prodigue comme M. de Boisdhyver,
et il ne trouvait pas même les secours
suffisants. Rentré à l'évêché, il dressait un
tableau exact de la situation des malheureux sur lesquels il appelait l'attention de
M. de Boisdhyver, et il sollicitait celui qui
n'avait pas besoin d'être sollicité. L'évêque
en devenait quelquefois sage :

— Mon cher Cyprien, lui disait-il, nous
allons dépenser d'un coup tout le mois.

— Qu'importe ! s'écriait Cyprien ; ces
gens ont besoin ; on peut les sauver...

— S'il se présente dans le courant du

mois quelque infortune cruelle, si un malheur arrivait, un incendie, laisserions-nous notre porte fermée à ceux qui viendraient y sonner ?... Et ils ont le droit de venir ici en premier.

Alors l'évêque plaidait pour garantir une certaine somme de réserve en cas de malheurs particuliers ; lui et Cyprien faisaient des chiffres, débattaient le budget ; mais il se trouvait que M. Boisdhyver était presque toujours en avance, et que chaque mois mordait de plus en plus le mois suivant, ainsi que les pendules qui avancent d'une minute, d'un quart d'heure, d'une demi-heure, et finissent par tellement avancer, qu'elles font une fois de plus qu'elles ne devraient le tour du cadran.

En continuant de la sorte, il était évident que M. de Boisdhyver arriverait évidemment à se trouver à découvert d'une année de ses émoluments ; mais il empruntait toujours, et ne craignait pas de s'endetter pour les malheureux.

C'est muni de la petite bourse aux louis d'or sonnants que Cyprien sortit de l'évêché, heureux de sa mission, heureux de revoir ses pauvres et plus heureux encore de retrouver les Garnier. Il en sortit à sa dernière visite si ému et si content d'avoir laissé l'aveugle entre les mains de madame Le Pelletier et de sa fille, que certain désormais que ses favoris n'étaient pas tout à fait abandonnés, il s'était consolé un peu de ne pas leur avoir rendu visite.

D'ailleurs, ce que lui en avait dit le docteur Richard le rassurait, car il n'aurait pas voulu manquer d'être présent à l'opération de la pauvre aveugle si elle avait eu lieu. Non pas qu'il fût un ardent curieux d'opérations chirurgicales, mais Cyprien sentait combien sa présence était utile dans une telle occasion. Les opérations sont dures, cruelles aux malheureux, et s'il est possible d'adoucir la froideur de la science par des paroles et des consolations chrétiennes, le malade se laisse aller plus facilement à la volonté de l'opérateur : le moral fait contrepoids au physique terrifié.

Cyprien se surprit en route à marcher plus vite que ne le comportait sa robe ; il enjambait les rues et semblait se hâter de peur de ne pas arriver. Quelle raison le poussait à cette agitation inquiète ? Il se le demandait quand il arriva au pied des escaliers, qu'il gravit également en sautant des marches. Aussi, quand il fut en haut, il tira son mouchoir pour s'essuyer le front, car il comprenait qu'en entrant il ne pourrait plus parler.

Une douce musique s'échappait à travers la porte mal jointe quand Cyprien entra. Cette musique partait du coin un peu sombre où était le lit de Garnier.

— Allons, madame Garnier, un peu de courage, vous voyez qu'on ne vous abandonne pas... Le docteur a bonne opinion de votre accident : il espère vous guérir..

La musique s'arrêta tout à coup au bruit de la porte qui s'ouvrait, et Cyprien, qui avait repris ses forces sur le palier, resta indécis, tenant la porte entre-bâillée et sentant une émotion extraordinaire courir dans tout son être. Ses genoux tremblaient, ses tempes battaient, le sang lui montait au visage, il ne pouvait ni avancer ni reculer.

La douce musique était la voix de Suzanne assise près du lit de la Garnier.

D'un regard qui fut permis à Cyprien

quand la sensation singulière qui l'avait frappé fut dissipée, il s'aperçut que Suzanne était seule auprès de la malade, et que madame Le Pelletier n'était pas dans la mansarde. Cyprien s'avança, remis de son émotion.

— Mademoiselle, balbutia-t-il.

— Monsieur, dit la jeune fille, encore plus troublée que lui.

— Et Garnier ? demanda Cyprien.

— Ah ! c'est vous, monsieur Cyprien,

dit l'aveugle, qui reconnut la voix du jeune prêtre... Je ne vous voyais plus depuis longtemps... Si vous saviez comme nous avons parlé de vous, mon bon monsieur.

— Votre mari va bien, madame Garnier ?

— Oui, le cher homme est allé au bureau de bienfaisance chercher des bons de pain...

— Et vous, madame Garnier, prenez-vous votre mal en patience ?

— Non, dit-elle, je ne m'accoutume pas

à la nuit, mes yeux pleurent mes yeux qui sont morts... J'étais tout à l'heure dans un état affreux d'accablement; sans cette bonne demoiselle Suzanne qui cherche à me consoler... Comprenez-vous que je ne peux pas croire qu'il est impossible de de voir?... La chère enfant m'a fait du bien; elle me disait de si bonnes paroles, que je sens mon chagrin se fondre goutte à goutte quand elle parle. Heureusement qu'il y a encore de bons cœurs sur la terre Vous êtes bons tous les deux, monsieur l'abbé, et vous aussi, mademoiselle Suzanne... Mon Dieu, je m'en veux, monsieur l'abbé, de ne pas vous donner une chaise; excusez-moi... Quand on ne voit pas, on n'est bon à rien... Mademoiselle Suzanne, voudriez-vous donner une chaise, s'il vous plaît ?

— Pardon, mademoiselle, je vous remercie, dit Cyprien à la jeune fille qui lui offrait une chaise; je m'en vais, je ne faisais que passer...

— Je vous en prie, monsieur l'abbé, restez un moment... Garnier sera si heureux de vous voir ; il ne parle, sauf votre respect, que de son jeune homme... Il s'inquiétait si vous n'étiez pas malade ; il disait : Il y a huit jours que je n'ai vu mon jeune homme... Vous allez rester, n'est-ce pas ?...

— J'attendrai votre mari un moment, madame Garnier...

Cyprien prit une chaise et s'assit au milieu de la chambre, laissant l'aveugle parler, car son émotion ne pouvait s'éteindre tout à fait ; mais la Garnier se tut, et un silence s'établit dans la mansarde, qui n'était troublée que par le tic-tac sourd d'une vieille horloge noire placée dans un coin. Chaque tic-tac répondait aux battements des tempes du jeune prêtre, qui n'avait jamais éprouvé une telle sensation ; les secondes lui paraissaient des années, les minutes des siècles. Il voulait rompre ce silence embarrassant, et son cerveau était troublé ; il aurait essayé de se lever qu'il ne le pouvait pas, il semblait avoir perdu l'usage de ses sens et de ses facultés. Dans ses oreilles résonnaient toujours les paroles de Suzanne à son entrée, et c'était l'idée qu'il se faisait des concerts célestes.

La vie de Cyprien avait été privée des soins maternels, car sa mère mourut en couches ; il fut élevé à la ferme de son père un peu rudement, sans recevoir ces soins délicats que seule une mère peut donner. Une vieille servante hargneuse et *bougon* servait à préparer le repas, à s'occuper de raccommoder les effets des gens de la ferme. Ainsi se passa l'enfance de Cyprien, qui sortit bien jeune de la ferme pour entrer au petit séminaire, et de là au grand séminaire. Toujours il fut élevé par des hommes, c'est-à-dire avec une certaine dureté, une fermeté à laquelle il obéissait sans murmurer; aussi la vue d'une femme jetait-elle Cyprien dans un monde de réflexions qu'il ne pouvait analyser. Il subissait un charme, s'en étonnait et ne faisait rien pour le dissiper. Tout le remplissait de surprise dans la femme : par quel pouvoir une femme remplissait-elle son sang d'un trouble inconnu, et faisait-elle passer une nouvelle chaleur dans ses veines ? Comment analyser cette voix plus douce que le murmure d'un ruisseau ? Comment regarder sans baisser les yeux ces traits si doux, si bons et si pénétrants? Toute l'adoration que Cyprien avait apprise à reporter à la Vierge, il en dotait la femme, et de toutes celles qu'il avait rencontrées, Suzanne était la plus parfaite : elle avait une figure si pure que Cyprien mourait d'envie de le lui dire, et cependant un sentiment secret l'arrêtait et garrottait ses paroles. Qu'il eût été heureux de s'écrier : « Mademoiselle, que vous êtes belle! » mais sa langue était enchaînée, la timidité et la honte se joignaient ensemble pour l'avertir de n'en rien faire... Que craignait-il? que redoutait-il? il ne le savait pas : il craignait de blesser Suzanne, comme on craint de toucher un papillon et de voir envoler la fragile poussière qui colore ses ailes...

— Est-ce que M. Cyprien est parti? demanda la Garnier, inquiète du silence qui régnait dans la mansarde.

— Non, madame Garnier, il est là, dit Suzanne.

Cette réponse fit au jeune prêtre un des plus vifs plaisirs de sa vie. Suzanne s'était occupée de lui, elle avait parlé de lui, elle avait dit : *il est là*; elle l'avait donc remarqué, elle s'occupait de lui, elle savait qu'il était assis au milieu de la mansarde. Quelle jouissance que d'occuper une seconde seulement la pensée d'une personne si charmante ! Cyprien en prit un peu de courage: les avances venaient de Suzanne, elle avait parlé de *lui*, il appela tout son courage pour parler à *elle*.

— Madame Le Pelletier n'est pas indisposée, mademoiselle?

C'était une question bien simple ; cependant il sembla à Cyprien qu'il avait soulevé une montagne.

— Non, monsieur l'abbé, dit-elle; elle est allée faire une course et elle doit venir me retrouver ici.

Cette réponse chagrina Cyprien ; il était seul avec Suzanne, heureux de la rencontrer seule, maintenant il craignait de voir arriver madame Le Pelletier. Il voulait continuer la conversation, rien que pour entendre la voix de Suzanne, et ce qu'elle venait de lui dire lui coupait encore une fois la parole. Il craignit qu'on ne remarquât la singulière transfiguration qui s'é-

tait opérée en lui, ses yeux plus brillants,
sa bouche plus humide, ses joues plus ardentes, car il sentait qu'une nouvelle vie
circulait dans tout son être comme un malade épuisé à qui on aura fait l'opération de
la transfusion du sang. L'activité de tout
son être semblait être doublée ; du moment qu'il était entré dans la mansarde et
qu'il avait entendu la voix de Suzanne,
tout avait pris une nouvelle vivacité. Le
petit jour qui entrait par la fenêtre de la
mansarde était plus brillant que le soleil,
la mansarde était elle-même plus riche
qu'un palais, chaque objet des plus humbles se teintait de rayons lumineux et se
dorait comme dans un rêve enchanté.

Cyprien se sentait sous le coup d'un verige bienfaisant dans lequel il oubliait la vie et le matériel de l'existence. Il ne sentait plus son corps, il ne savait pas s'il était assis ou debout, s'il volait dans l'azur pour se reposer sur le pic des montagnes bleuâtres de l'horizon. Il n'entendait plus qu'une voix, ne voyait qu'un doux ovale souriant, entouré de cheveux blonds. A ce moment, il oubliait ses timidités vis-à-vis de la femme ; il fixait ardemment, sans pouvoir s'en repaître, ce visage de jeune fille si calme et si pur qu'il défiait le rêve d'en produire de plus suave. Cela lui était d'autant plus permis que Suzanne avait apporté sa tapisserie et n'en levait pas les yeux depuis l'arrivée de Cyprien ; elle ne les levait plus, parce que son instinct, un trouble secret, l'avertissaient qu'elle ren-

contrerait les yeux du jeune homme. Sa
tête, qu'elle baissait le plus bas possible,
servait d'excuse à la pourpre qui inondait
sa figure et qui lui enlevait la faculté de
s'occuper sérieusement de sa tapisserie.

Elle était en train alors de suivre avec
son aiguille les contours d'un jeune chien
assis devant une bergère, et ce ne fut que
plus tard, le lendemain matin, en reprenant son ouvrage, qu'elle fut frappée de la
baroque physionomie que prenait la tête
du chien en tapisserie; car si son aiguille
obéissait à la volonté qu'elle tâchait d'appeler à son aide et qui lui commandait de
ne pas paraître inoccupée, d'un autre côté,
les agitations secrètes, le trouble qui l'agi-

taient faisaient que les *points* étaient suivis avec une irrégularité et un désordre dignes d'un singe capricieux voulant imiter avec l'aiguille le travail de sa maîtresse.

La tête penchée, Suzanne croyait échapper aux regards de Cyprien, mais celui-ci, assis sur une chaise basse de coin du feu, la seule qu'on pût lui offrir dans ce pauvre ménage, était beaucoup moins élevé que Suzanne, et, malgré l'ombre portée sur la figure de la jeune fille, Cyprien n'en suivait pas moins le cours des émotions diverses qui s'y succédaient. Il résultait de la situaiton de Suzanne et de Cyprien des silences inquiétants pour eux mêmes, inexplicables pour l'aveugle; aussi, de temps en temps, pour la rassurer sur sa présence, Suzanne affectait-elle une petite toux, et quelques instants après Cyprien avait soin de remuer sa chaise basse. Faisant un suprême effort sur lui-même :

— Votre mari ne revient pas, madame Garnier?

— Il commence à devenir si impotent des jambes que j'ose à peine le laisser sortir... Vous êtes peut-être pressé, monsieur Cyprien ?

— Monseigneur m'a chargé de beaucoup de courses, et je craindrais, en attendant plus longtemps, de ne pouvoir les faire aujourd'hui ; mais je reviendrai, madame Garnier, en retournant au séminaire, et je verrai votre mari.

Cyprien s'était levé ; après avoir pris congé de mademoiselle Le Pelletier, il sortit et respira seulement alors plus librement, car il se sentait étouffer comme par ces chaudes journées d'été où l'atmosphère enlève toute force et tient l'homme dans un état de suffocante pâmoison. Cependant, malgré ce singulier état, Cyprien se sentait doublement heureux de vivre ; à peine sentait-il son corps ; il marchait sur le pavé de la rue comme s'il eût marché sur des flots. Tout devenait une fête pour ses yeux ; il avait le bonheur d'un enfant qui regarde pour la première fois dans un kalédioscope, jamais les passants, les boutiques ne lui avaient paru revêtus d'un si heureux aspect. Le beau et le bien lui apparaissaient attachés à chaque chose, à chaque être : c'était un enchantement, des félicités entrevues pour la première fois, des aspects consolants, quelque chose de divin.

Réfléchir, penser, Cyprien ne le pouvait pas ; il était entré dans un royaume vague, mystérieux de sons et de parfums dont à peine l'orgue et l'encens pouvaient donner une idée. Dans ce royaume, les formes n'avaient rien de précis et semblaient plutôt flottantes et diaphanes, de façon à occuper les yeux sans les arrêter sur des angles et des contours. Il semblait à Cyprien que des ombres d'anges défilaient devant lui en murmurant une symphonie douce et lointaine, en laissant dans l'atmosphère une odeur suave qui était suivie d'une autre apparition et d'une nouvelle délicate odeur... Seulement à l'horizon se détachait un profil blond qui n'était autre que le portrait affaibli de Suzanne, un souffle de portrait inarrêté comme les nuages.

C'est poursuivi par ces chimères souriantes que Cyprien visita les pauvres gens qu'il avait à soulager. Ce jour-là il les trouva plus misérables que de coutume;

son cœur s'attendrit plus ouvertement sur leurs souffrances, et il regretta de n'avoir point à sa disposition un grand coffre plein d'or dans lequel il pourrait puiser toujours, sans crainte de le voir s'épuiser. Il leur parla de bonheur, de félicité, d'espérances, avec un tel accent qu'il s'en étonnait le premier, et que ces malheureux, convaincus, embrassaient sa robe en pleurant. Jamais Cyprien ne s'était montré si éloquent ; les paroles lui montaient de la poitrine au gosier, aussi librement que la respiration ; elles semblaient couler de source, et Cyprien jouissait lui-même des bienfaits de son éloquence. Ému de l'attendrissement qu'il provoquait, il sentait que ses paroles n'étaient pas perdues, et que, sorties du plus profond de son être, elles entraient profondément dans le cœur de ceux qui l'écoutaient et adoucissaient l'aigrissement qu'amène trop souvent la misère... Jamais il ne comprit comme ce jour-là la portée de sa mission, car elle atteignait son but immédiatement : qu'on juge du bonheur du laboureur qui, semant une graine, la verrait poindre en herbe, grandir, mûrir et porter fruit en un instant ! Telle était la situation de Cyprien qui jusqu'alors avait pu sentir sa parole s'infiltrer doucement dans l'esprit du malheureux, mais agir aussi lentement que la goutte d'eau qui, sans cesse tombant au même endroit, finit après de longues années par percer le roc.

Ce fut avec une jouissance mêlée cependant d'une certaine anxiété que Cyprien reprit le chemin qui conduisait à la maison des Garnier : il allait revoir Suzanne, et il craignait de la revoir. Un nouveau sentiment venait de s'éveiller en lui, et il se sentait coupable d'une faute grave en désirant si ardemment de voir renaître les émotions étranges et nouvelles qui l'oppressaient. Quoique ne pouvant encore analyser ce qui se passait en lui, n'étant pas à même de comparer ces sensations avec d'autres, déjà cependant la défiance se montrait armée et lui mettait en mémoire l'image de Saint-Michel terrassant le dragon ; mais ce dragon qu'il avait regardé maintes fois dans le chœur de la cathédrale de Bayeux, lorsqu'il levait les yeux de son livre de messe, ce dragon était un monstre hideux, couvert d'écailles livides, l'œil ensanglanté, bavant le poison par sa langue bleuâtre, et saint Michel était en droit d'immoler un pareil épouvantail, tandis que les rêveries, les extases qui avaient assailli Cyprien ne ressemblaient en rien au monstre. Cependant, pourquoi cet avertissement secret se présentait-il à l'esprit de Cyprien baissant la tête, fermant à demi les yeux pour mieux concentrer ses réflexions, et marchant à cette heure avec autant de calme que tout à l'heure il apportait de précipitation ?

Il arriva ainsi à la maison des Garnier, l'esprit troublé, attendant de l'avenir de nouvelles lumières. Ce ne fut pas sans une vive émotion qu'il ouvrit le loquet de la mansarde; mais le soleil avait disparu et ne coupait plus la chambre en deux par son rayon oblique et bienfaisant, la mansarde était noire et humide, le mobilier triste et boiteux; de grandes ombres grises s'allongeaient à la place du rayon de soleil, la vie était absente, et la mort serait venue rendre visite aux Garnier qu'elle n'eût pas laissé de traces plus amères de sa visite...

Suzanne n'était plus là.

— Ah! voilà M. Cyprien, s'écria le père Garnier qui était assis près du poêle et épluchait des pommes de terre pour mettre dans le pot-au-feu.

— Ne vous dérangez pas, dit Gyprien en forçant Garnier à s'asseoir.

— Eh bien, voici une bonne journée pour moi; je craignais tant de ne pas vous voir...

— Oui, dit l'aveugle, mon mari disait : voilà la nuit, M. l'abbé ne reviendra pas... Ce n'est pas comme moi, je ne m'inquiète plus s'il fait nuit ou jour.

— Je vous avais promis de revenir, dit

Cyprien, car j'ai quelque chose à vous remettre de la part de Monseigneur.

— Il est trop bon. Ah! monsieur Cyprien, dites-lui combien je ne l'oublie pas...

— Voilà ce qui me soutient un peu, dit l'aveugle ; ce n'est pas tant les secours encore, c'est surtout de ne pas se voir abandonnée, seule, quand on est malheureux... Je le disais encore tout à l'heure à mademoiselle Suzanne, combien votre visite m'a fait de bien, monsieur Cyprien... Maintenant, je vous vois presque, malgré mon infirmité; je me suis fait détailler par cette chère mademoiselle Suzanne comment vous étiez...

Cyprien ne respirait plus.

— Il a l'air si bon et si doux, disait-elle, et si jeune qu'on ne pourrait pas croire qu'il est prêtre... Je lui demandais si vous ressembliez à M. l'abbé Émilion, qui est parti de Bayeux depuis deux ans... Il est bien mieux, m'a-t-elle dit; c'est le premier prêtre qui a l'air franc, simple, et qui ne cache rien... Vous pensez bien, monsieur Cyprien, que j'ai déjà fait causer Garnier sur votre extérieur; je deviens curieuse, maintenant que je ne vois pas, mais les hommes ne voient pas si bien que les femmes, et je vous comprends mieux maintenant d'après le portrait que m'a fait mademoiselle Suzanne... Elle a beaucoup entendu parler de vous dans la ville où chacun vous aime et vous chérit... Savez-vous comment on vous appelle ?

— Ma femme ! s'écria Garnier d'un ton de reproche.

— Dites, madame Garnier.

— Non, ma femme, je te le défends.

— Quel mal y a t-il, dit l'aveugle, puisque c'est mademoiselle Suzanne qui me l'a appris : Dieu merci, cette bonne demoiselle n'est pas mauvaise langue, elle a cru me faire plaisir en me l'apprenant... Maintenant, je n'ose plus...

— N'ayez pas peur, madame Garnier.

— Si vous vous fâchiez, monsieur Cyprien ! dites-moi que vous n'en voudrez pas à mademoiselle Suzanne... D'ailleurs, elle l'a entendu dire dans la ville...

— Mademoiselle Suzanne, dit Cyprien, a une figure trop douce pour se prêter à de malins propos.

— Oui, elle est bien belle, mademoiselle Suzanne!... Je l'ai vue, moi, avant d'être aveugle; je l'ai connue toute enfant lorsqu'elle venait avec sa mère nous porter quelques vieilles robes, quelques effets d'hiver... Elle annonçait déjà ce qu'elle tiendrait plus tard... C'était comme un petit ange blond ; vous pensez, monsieur l'abbé, si je songe à faire des malices...

— Vous ne me dites pas, madame Garnier, comment mademoiselle Suzanne m'a appelé.

— Bah! dit l'aveugle en prenant son courage, le petit évêque : c'est votre nom dans Bayeux.

Cyprien sourit et fut heureux de sourire, car l'épanouissement qu'il avait au dedans avait besoin de se montrer sur sa figure.

— N'est-ce pas, monsieur Cyprien, dit l'aveugle, que vous n'en voulez pas à mademoiselle Suzanne?

— C'est un compliment, au contraire, madame Garnier; et j'ai encore bien des efforts à faire avant de le mériter tout entier... Monseigneur est si bienfaisant que je désespère jamais d'atteindre à sa charité.

— Vois-tu, Garnier, dit l'aveugle, je le

savais bien ; du reste, c'est madame Le
Pelletier qui l'a appris à sa fille ; elle vous
aime beaucoup aussi, allez, madame Le
Pelletier... Ah! tous les honnêtes gens se
reconnaissent.

Cyprien aspirait ces propos plutôt qu'il
ne les écoutait ; les paroles de l'aveugle lui
semblaient dorées. Sans le savoir, naïvement, l'aveugle répondait aux secrets sentiments du jeune prêtre, et elle lui rendait
l'absence de Suzanne moins inquiète. Les
femmes ont souvent de ces délicatesses
dont elles ne se rendent pas compte, qui
prennent racine dans leur cœur aimant,
qui font qu'elles répandent des aromes
délicieux ou des guérisons imprévues aux

cœurs qui souffrent. La consolation s'é-
chappe d'elles et panse des plaies saignantes
depuis longtemps. Ainsi, la Garnier, par
un instinct qu'elle ne raisonnait pas, parce
qu'elle était femme, faisait plus de plaisir
à Cyprien que tout ce qu'aurait pu inventer la reconnaissance de son mari. Le nom
de Suzanne revenait à chaque instant sur
ses vieilles lèvres et prenait un accent ca-
ressant, tel que Cyprien ne se souvenait
pas d'en avoir entendu de pareil, accolé
au nom d'une autre femme.

L'aveugle disait tout au long la vie pure
et tranquille des dames Le Pelletier, et Cyprien s'y intéressait comme aux vies les
plus tourmentées de saints dans le désert.

Il apprit ainsi pourquoi madame Le Pelletier n'était pas venue : souvent souffrante, elle envoyait Suzanne répandre à sa place ses bonnes œuvres. Cyprien sortit de chez les Garnier, emportant en lui des trésors de souvenirs, des paroles et des mots gravés à jamais dans sa mémoire, et pour se remettre avant de rentrer au séminaire, il promena ses émotions pendant une heure sur le cours des Ormes.

III

La retraite.

— Mon cher Cyprien, dit un jour l'évêque, ne retournerez-vous pas bientôt chez les Garnier ?

Jamais pareille offre ne fit plus d'émotion au jeune prêtre, qui rougit de ce que

M. de Boisdhyver avait mis pour ainsi dire le doigt sur la plaie. Cyprien brûlait d'envie de revoir la mansarde où il avait passé des heures si heureuses ; en même temps il se retenait et se contraignait à en chasser la pensée. La crainte qu'on ne devinât son secret faisait qu'il retardait de plus en plus sa visite ; il n'osait même passer dans la rue des Garnier, car un matin il s'était trouvé en contemplation devant la porte de la mansarde ; ses souvenirs s'étaient envolés là, et il lui eût été impossible de dire le temps qu'il avait passé dans la rue à regarder la maison. Y aller trop souvent, c'était peut-être s'exposer aux commentaires des Garnier, qui pouvaient parler de ses visites fréquentes, le dire innocemment à madame Le Pelletier, à Suzanne... Suzanne! Tout parlait d'elle au jeune prêtre maintenant. Son souvenir ne le quittait plus, ni la nuit, ni le jour... Quelquefois l'idée vint à Cyprien de se décharger de cette confidence dans le sein d'un ami, mais il n'avait d'autre ami au séminaire que M. de Boisdhyver; et cette amitié, si tolérante qu'elle fût, n'autorisait pas le jeune prêtre à de telles confidences. Que dire d'ailleurs? Cyprien avait rencontré une jeune fille. Il n'y avait rien de plus, trois ou quatre phrases banales échangées, des regards furtifs rencontrés : c'était tout. Quant à rendre les sensations qui avaient assailli Cyprien, elles étaient trop vagues pour être analysées; la parole, les mots étaient aussi impuissants à les rendre que la plume l'est à vouloir traduire une symphonie, que le pinceau est à rendre la nuit ca me.

Cyprien, sous prétexte de fatigue, demanda à M. de Boisdhyver l'autorisation de faire une retraite absolue pendant huit jours; l'ayant obtenue, il essaya de revenir à cette règle, à cette distribution du temps qui assoupissent les esprits les plus indomptables, et il reprit ses habitudes de séminariste, en se plongeant dans la prière et dans l'étude. De même qu'on dompte un animal féroce par la faim, les passions sont vite bridées par l'emploi exact et méthodique de chaque heure de la journée. Ceux qui s'étonnent de trouver le prêtre sans passions au milieu de la société, ne se rendent pas compte par quelle discipline sévère le corps a été de bonne heure rompu, assoupli et rendu propre à beaucoup de privations que ne connaissent pas les gens du monde et qu'ils ne sauraient supporter. Ce n'est pas à l'âge mûr qu'il est possible de faire subir un joug à ses passions, pas plus qu'on ne saurait habituer son corps à des gymnastiques faciles aux tendres et souples muscles de l'enfance, mais la vie de séminariste commence de dix à douze ans, et dure quelquefois jusqu'à trente ans. Beaucoup de prêtres subissent cette longue épreuve de vingt ans et n'en sortent que mieux attachés à la règle.

Cyprien, pendant le congé que lui donna l'évêque, se leva à cinq heures du matin et se joignit à ses anciens camarades du séminaire pour faire la prière en commun. Ce pieux exercice ne durait pas moins d'une heure, et consistait à s'agenouiller un quart d'heure, à se relever un autre quart, à s'agenouiller de nouveau et à se relever encore. Les fraîcheurs du matin, le corps reposé, faisaient paraître cette prière la plus salutaire de la journée C'était une purification pour ceux qui avaient eu le sommeil troublé ; c'étaient aussi des actions de grâce au Seigneur de se réveiller plein de santé : c'était encore la demande de passer une journée heureuse. La messe à la chapelle durait une courte demi-heure, après quoi chacun montait en cellule pour y apporter les soins domestiques les plus simples : Cyprien faisait son lit, se plongeait encore une fois la tête dans l'eau froide, et s'était donné la tâche de traduire du latin un des ouvrages les plus obscurs de Guillaume Durand, le *Rational* ou *Manuel des divins offices,* un livre où tout est porté à un symbolisme mystique qui peut donner à travailler à l'esprit, mais qui le laisse dans un néant plein de troubles.

Le premier déjeûner, d'un quart d'heure, servait à couper un travail trop prolongé; Cyprien, ainsi que les autres séminaristes, ne mangeait qu'un morceau de pain, des fruits suivant la saison ; puis il rentrait à sa cellule et continuait sa traduction, s'appliquant à creuser le sens de symboles sans sens, car Guillaume Durand a écrit son Rational sans aucuns doutes : l'allégorie et l'image ne lui manquaient jamais ; qu'elles fussent justes ou fausses, il trouvait explication à tout. Ce fut un auteur sacré très heureux, qui ne paraît pas avoir connu le trouble et l'inquiétude ; cependant, craignant de se fatiguer et de s'endormir l'esprit par une étude toujours exclusivement la même, Cyprien demanda à l'abbé Berreur la permission de suivre le cours de dogme, qui le menait jusqu'à dix heures ; à ce moment, la cloche de la chapelle sonnait, et après une demi-heure, on rentrait à la cellule jusqu'à l'heure du dîner.

Cette heure seulement coupait la journée en deux et rompait le travail. Un silence profond régnait au réfectoire pendant le repas, afin de suivre plus attentivement la voix du lecteur. C'était une nourriture aussi simple que celle du dîner : une grosse soupe aux légumes trois fois par semaine, les autres jours une soupe grasse qui pouvait être rangée également parmi les soupes maigres, du bouilli, des pois ou des haricots, du fromage, du vin largement trempé qu'on appelle *abondance*, composaient le repas principal de la journée. Mais les corps ne se trouvaient pas plus mal de ce frugal ordinaire. Il était facile de s'en apercevoir à l'issue du repas, où les cris, les poussées, les sauts des jeunes gens qui pouvaient parler pour la première fois depuis le matin, témoignaient de la force de leurs corps. Les balles se croisaient avec une vivacité extrême, et rien n'était plus curieux que de retrouver sous les robes noires et longues du séminaire l'agilité, la vivacité et la pétulance des cours de collége.

Cyprien profitait de cette heure de récréation comme les séminaristes, et il se faisait remarquer parmi les plus agiles et les plus vifs; mais c'était une fatigue qu'il s'imposait plutôt qu'un exercice. Ayant passé quelques nuits sans sommeil, il voulait briser son corps, le harasser, le rendre plus propre à l'esclavage du sommeil. Aussi étonnait-il les professeurs, qui se promenaient tranquillement dans une allée couverte d'arbres, et qui auraient été fiers de l'avoir dans leur société.

La faveur dont M. de Boisdhyver avait honoré Cyprien était si grande que chacun lui faisait la cour; mais lui, ne tirant pas vanité de sa position, ne soupçonnait guère qu'on pût le courtiser, et ne le remarquait pas; ayant été froissé par ses supérieurs lors du procès du curé Caneva, maintenant il s'éloignait d'eux autant qu'il le pouvait, et préférait se distraire pendant la récréation avec les simples séminaristes, avec ceux qui n'en étaient encore qu'aux petits ordres. Là, du moins, il ne trouvait ni fronts plissés, ni visages jaunis, ni paroles amères; il lui était permis de cacher son secret devant des jeunes gens ignorant encore les troubles de la vie, et qui ne cherchaient pas ce qu'il cachait sous sa vivacité apparente.

Après une retraite de huit jours, Cyprien se trouva plus calme, et il pensa que le doux fantôme qui lui était d'abord apparu trop distinct, et qui s'affaiblissait, finirait par s'envoler tout à fait; mais l'invitation de M. de Boisdhyver d'aller rendre visite aux Garnier le replongea dans l'état où il était avant sa retraite. Les macérations d'esprit et de corps qu'il avait essayées durant une huitaine devenaient inutiles : il hésita encore une fois s'il devait s'ouvrir à l'évêque; mais d'un autre côté, le charme était si puissant qu'il se dit : « La revoir encore une fois, une seule fois, pour l'oublier à jamais. »

— Qu'avez-vous, Cyprien ? on dirait à votre air que vous ne vous souciez plus d'être mon aumônier...

— Pardonnez-moi, monseigneur, au contraire, je brûle d'envie de recommencer mes visites.

— A la bonne heure ; il est présumable que vous trouverez aujourd'hui le docteur Richard chez les Garnier, je sais cela par une visite que j'ai faite aux dames Le Pel-

letier, deux femmes bien intéressantes...
vous les connaissez sans doute?

— Je les ai entr'aperçues seulement quelques minutes, dit Cyprien se sentant devenir confus.

— Aujourd'hui, le docteur étudiera les yeux de l'aveugle : le délai qu'il s'était donné vient d'expirer. Vous me direz ce qu'il est résulté de cette visite... D'après l'avis de M. Richard, il est important que quelques personnes se trouvent là, afin d'occuper la malade, qui ne doit pas se douter que l'opérateur est présent; il est donc convenu que vous irez chercher le docteur chez lui ; il vous instruira en route de ce que vous aurez à faire. Allez, mon cher Cyprien, et rapportez-moi de bonnes nouvelles.

Cyprien alla chercher le docteur, comme il en était convenu, et il y alla dans la persuasion de rencontrer dans l'après-midi Suzanne et sa mère, et peut-être Suzanne seule.

— Ah ! c'est bien, monsieur l'abbé, lui dit le docteur Richard, vous êtes de parole ; Claude va venir tout à l'heure ; et puisqu'il n'est pas encore arrivé, je m'en vais vous dire ce que j'attends de vous. Le père Garnier est prévenu et du complot : vous entrerez le premier dans la chambre en faisant un certain bruit, afin que la femme ne nous entende pas marcher... L'inquiétude qu'elle manifesterait en sachant que le médecin l'observe, pourrait m'empêcher de bien reconnaître l'état de sa vue ; elle serait émue, agitée ; je la veux, au contraire, calme et à l'état ordinaire. Il s'agit, sachez-le, d'une opération très grave, très douloureuse, et qui peut être inutile. A quoi bon faire des essais infructueux ? Si ce n'est à faire souffrir une femme qui n'en a pas besoin. Je vous prierai donc, monsieur l'abbé, d'entretenir la conversation de telle sorte que la malade soit très occupée de vous répondre, et qu'elle ne puisse se douter qu'il est entré quelqu'un avec vous... Je ne veux pas donner à la malade d'espérances inutiles et encore moins des craintes... Si elle me savait là, elle m'assiégerait de questions sur sa maladie, elle voudrait connaître jour où elle verra clair... Y verra-t-elle jamais? Je n'en sais rien et j'attends tout de la nature bien plus que de mon art.

Claude Bernain arriva qui coupa court à ces instructions, et tous les trois sortirent pour se rendre chez les Garnier.

— Il est fâcheux, dit le docteur, que nous ne puissions pas faire transporter la Garnier à l'hôpital, elle serait bien mieux soignée et j'aurais plus souvent l'occasion de suivre la maladie.

— Elle n'est pas mal chez elle, dit Cyprien, et je ne crois pas qu'elle manque de rien.

— Je le sais, dit le docteur, les soins dont vous l'avez entourée, monsieur l'abbé; Suzanne me l'a appris, ainsi que l'intérêt que porte à ces braves gens M. de Boisdhyver; malgré tout, l'hôpital serait plus convenable à la malade.

Ces paroles cuisaient à Cyprien, car il entrevoyait une séparation absolue entre Suzanne et lui.

— Comment ferait le père Garnier seul ? dit-il.

— Sa femme ne l'aide guère dans les soins du ménage ; au contraire, elle ne lui donne que de l'embarras. Quand il s'agit d'un traitement sérieux, d'une opération grave, j'ai bien plus confiance dans le succès une fois que le malade est à l'hôpital, car il obéit à mes prescriptions, il suit exactement le traitement, je suis certain que mon ordonnance est exécutée, tandis qu'un malade en ville ne prend jamais ce que j'ai ordonné. Il se défie de moi ; il suivra mon ordonnance pendant un jour et aura une certaine confiance en moi jusqu'au lendemain, époque à laquelle il espère être guéri. Naturellement la maladie n'est pas envolée le lendemain, car si elle est prompte à arriver, elle est longue à s'enfuir. Voilà donc, le lendemain, mon malade qui, n'apercevant aucune amélioration dans son état maladif, commence à se plaindre de moi et à douter de ma science ; il arrive malheureusement une commère ou deux qui, loin de faire prendre patience au malade, l'enveniment contre le médecin et proposent toutes sortes de remèdes qui ne font pas de bien, mais qui peuvent faire beaucoup de mal... J'arrive, je demande si on a pris mon ordonnance, on ne manque jamais de me dire oui, et je continue si l'état n'est pas aggravé à recommander les mêmes prescriptions; aussitôt parti, les bonnes femmes accourent et m'injurient de plus belle par la rai-

son que je n'ai rien indiqué de nouveau;
le traitement des voisines continue, il ne
produit pas d'effet, mais, chose bizarre,
les malades ne perdent pas la foi vis-à-vis
de la science populaire. Le plus souvent
on passe à une seconde invention, à une
troisième, et je suis pris pour dupe, jusqu'à ce qu'un jour j'aperçoive quelque
petit pot, quelque flacon, quelque drogue
qui traînent et qu'on a oublié de ranger
avant mon arrivée. Voilà, monsieur l'abbé,
ce qu'est la médecine à domicile. Personne
ne l'exécute. Je serais trop heureux si mes
malades ne voulaient rien prendre du
tout, ni les drogues que j'indique, ni celles
des autres; mais les riches ont une autre
manie, c'est de faire appeler en secret un
autre médecin, qui peut juger le contraire

de ce que j'ai indiqué; alors ce sont des combinaisons de traitement, des mélanges de médecine, qui tueraient l'homme le mieux portant... Le malade, pour avoir la conscience pure, obéit un peu à chacun de ses médecins; il prend moitié d'une ordonnance, moitié d'une autre. Et puis, on attaque la médecine, on se rit des médecins, on prétend qu'ils n'entendent rien aux maladies. Tenez, monsieur l'abbé, j'ai souvent envié votre position : vous cherchez à guérir l'âme, et on vous croit: nous, nous cherchons à guérir le corps, et on ne nous croit jamais.

— La Garnier a l'air plus raisonnable, monsieur Richard.

— Oui, jusqu'à présent, je ne lui ai rien ordonné, mais si nous faisons l'opération chez elle, vous verrez quelle patience il me faudra. Claude, je vous recommande une extrême attention ; ne perdez pas la malade de vue... Vous pourrez causer avec les dames Le Pelletier, qui ont dû annoncer qu'un de leurs cousins viendrait les retrouver ; surtout ne vous laissez pas prendre aux beaux yeux de Suzanne ; certainement les yeux morts de l'aveugle sont moins séduisants, mais ils ont aussi pour vous un côté intéressant... Peut-être serai-je obligé de vous quitter dans une heure, et j'ai besoin que la Garnier soit étudiée pendant deux heures.

Cette conversation déplut à Cyprien, qui

voyait avec peine un jeune homme de moitié dans un complot avec la famille Le Pelletier ; les plaisanteries du docteur relativement aux beaux yeux de Suzanne blessaient Cyprien, qui sentit en un moment un épais brouillard gris s'élever lentement en lui et envelopper peu à peu le bonheur qu'il se promettait depuis le matin.

En entrant dans la mansarde, Cyprien fut surtout frappé de l'air réservé avec lequel madame Le Pelletier le recevait, tandis qu'elle faisait mille affabilités à son *cousin* Claude Bernain ; Suzanne rougit en saluant l'étudiant, et quoique invité à faire partie du demi-cercle qui se formait autour du lit de la malade, Cyprien préféra se retirer à l'autre bout de la mansarde où se tenait le père Garnier, inquiet de l'issue de cette conversation muette. Le docteur Richard s'était placé près du chevet de la malade, non loin de son élève, et, par ses regards, semblait inviter le jeune prêtre à causer avec la Garnier; mais des sensations désagréables et douloureuses emplissaient l'esprit de Cyprien, et le poussaient à ne pas se mêler au petit artifice qui faisait de l'étudiant un cousin de Suzanne. Au lieu de la conversation qu'avait préméditée le docteur Richard, un demi-silence régnait dans la mansarde, les questions étaient suivies de brèves réponses qui s'éteignaient aussitôt... La malade elle-même paraissait se douter qu'un événement inaccoutumé se passait autour de son lit; elle était muette et résignée contre son habitude...

Chacun portait l'embarras sur la figure, le docteur le premier; car il craignait qu'avec l'instinct si fin des personnes qui souffrent, la Garnier ne comprit sa présence. Maintenant, M. Richard se repentait presque d'avoir employé ce moyen, et il hésitait, se demandant s'il ne devait pas prendre la parole, puisque ses auxiliaires lui faisaient défaut. Il faisait force gestes pour inviter madame Le Pelletier, Suzanne, Cyprien, Claude, à entamer la conversation; et personne ne répondait à son invitation. Sans avoir rien confié de ses secrets projets à madame Le Pelletier, le docteur avait assez longtemps parlé de son élève pour occuper l'esprit de la veuve du président ; Suzanne qui assistait à cette conversation, ne retrouvait pas dans la figure de l'étudiant en médecine les brillantes qualités dont le docteur l'avait doué. Cyprien souffrait de voir près de Suzanne un jeune homme lancé tout d'un coup dans son intimité par la ruse à laquelle il était associé.

De temps en temps, Garnier relevait la tête et cherchait, sans la trouver, une espérance dans les yeux du docteur impatienté du singulier état des esprits réunis dans la mansarde ; cependant, comme il était près de Claude, il le poussa du coude, lui montra la malade et lui fit un geste qui signifiait : « Allons donc, parlez? » Claude ne put résister à cet ordre, et fit une question banale à la Garnier ; mais la distinction manquait au son de sa voix : l'intérêt que l'aveugle trouvait ordinairement dans le timbre de ceux qui lui parlaient, était absent. Elle fit un geste de surprise.

— C'est votre cousin qui me parle, madame Le Pelletier?

— Oui, répondit très bas la veuve du président, qui se sentait honteuse de ce petit mensonge; peut-être même n'eût-elle pas répondu si elle n'avait rencontré les yeux du docteur Richard. La Garnier sortit son bras de dessous la couverture et chercha hors du lit. Le médecin comprit le geste et fit signe à Claude de donner sa main à la malade. Il y a chez les aveugles une délicatesse exquise de toucher qui les trompe rarement : la Garnier parcourut lentement de sa main celle de l'étudiant; elle semblait l'étudier dans tous ses détails, et le résultat ne parut pas satisfaisant, à voir la singulière physionomie qu'elle prit après avoir touché longuement la main de Claude.

Cyprien suivait cette scène avec un intérêt immense; il eût été heureux que l'aveugle reconnût qu'on la trompait.

— Est-ce bien la main de votre cousin ? demanda-t-elle.

— Oui, répéta encore d'un ton de voix plus bas que le premier madame Le Pelletier.

— Il s'appelle ?

A cette question, le silence recommença; car la veuve du président avait oublié le nom de l'étudiant en médecine.

— Parlez donc ! fit d'un geste brusque le docteur à son interne.

— Claude Bernain, répondit l'étudiant.

— Merci, monsieur, dit l'aveugle en laissant retomber la main de Claude. Mademoiselle Suzanne est là? ajouta-t-elle.

— Oui, madame Garnier, tout près de vous.

Était-ce pour comparer les deux timbres de voix que la malade avait fait cette question? Peut-être cherchait-elle les traces de parenté entre Claude et Suzanne qui l'étonnaient; semblant poursuivre son examen, elle prit tour à tour les mains de Suzanne et de sa mère, et la jouissance qu'elle éprouvait dans cette pression fit évanouir la nuance désagréable qui avait paru un moment sur ses traits ridés.

Le docteur Richard suivait cette scène avec attention; quoique recouverts d'un voile, les yeux de l'aveugle étaient pour ainsi dire voyants à cause de leur mobilité. Le fait important était de constater que la vie n'avait pas quitté le siége de ce sens. — Quant aux petits drames intimes qui se jouaient dans le cœur de chacun des personnages présents, le docteur n'y prêtait qu'un médiocre intérêt : ce qu'il avait désiré se réalisait. Mettre en présence Claude et Suzanne lui suffisait pour l'instant; plus tard, il interrogerait tour à tour chacun d'eux et recueillerait les observations de madame Le Pelletier sur l'étudiant, de l'étudiant sur Suzanne, et de Suzanne sur l'étudiant ; mais si les trois personnages intéressés ne se rendaient pas compte des projets du docteur, il n'en était pas de même de Cyprien, qui, retiré dans un coin de la mansarde, assis près du père Garnier, se sentait blessé par les mille serpents de la jalousie qu'il tâchait d'étouffer en lui-même et qui le mordaient sans relâche. Combien il était puni maintenant des heures délicieuses qu'il avait passées avec le souvenir de Suzanne ! Combien il trouvait amère cette punition, et cependant combien son châtiment lui paraissait mérité ! S'il avait été seul dans sa cellule, il eût crié, pleuré, et la, dans cette mansarde, soumis à sa robe, il lui fallait affecter le calme, la tranquillité. Pour la dernière fois il venait chez les Garnier ! A l'avenir il ferait passer les secours de M. de Boisdhyver, mais il ne mettrait plus les pieds dans cette mansarde dangereuse où il ressentait les tortures de l'enfer. Ainsi arriverait-il à oublier l'ovale pur de la jeune fille qui semblait à peine s'être aperçue de sa présence : n'était ce pas là l'indice le plus certain qu'elle lui préférait l'étudiant.

Tout à coup son nom le fit tressaillir et coupa court à ses réflexions amères : l'aveugle demandait si M. Cyprien était parti.

— Je suis ici, répondit-il.

— Pourquoi si loin? demanda la Garnier. J'aime tant à vous savoir près de moi, il me semble que j'ai un ange gardien.

— Laisse M. Cyprien, dit le mari qui, en voyant un livre de prières ouvert sur les genoux du prêtre, crut qu'il priait.

Madame Le Pelletier, dont la croyance était la même, le dit à l'oreille de l'aveugle.

— Alors, reprit-elle, ne le dérangez pas.

Peu de temps après, le docteur Richard

vint en marchant sur la pointe des pieds auprès de Cyprien et l'entraîna vers la fenêtre.

— Monsieur l'abbé, lui dit-il, je suis obligé de m'en aller ; du reste, j'ai bien observé la malade, et je me décide à attendre... Veuillez donc, je vous prie, dire à monseigneur qu'il n'y a encore rien à faire... Je vous laisse avec ces dames.

Après avoir serré la main de Cyprien, le docteur fit signe à Claude Bernain de sortir avec lui ; l'étudiant, que cette scène intéressait médiocrement, prit congé des dames Le Pelletier en les appelant *Mesdames*.

— Je ne vous avais pas encore entendu parler de ce cousin, dit l'aveugle.

— Ne recevant pas de réponse :

—. Est-ce qu'il habite Bayeux ?

— Oui... depuis quelque temps, répondit le mari, qui était tranquillisé par les paroles du médecin, et qui voulait éviter un nouveau mensonge à madame Le Pelletier. Un grand poids avait été enlevé du cœur de Cyprien à la sortie de l'étudiant ; cependant, il ne se rapprocha pas encore des dames Le Pelletier. Retiré dans l'embrasure d'une fenêtre, et rafraîchissant sa tête à l'air pur, il regardait dans la rue.

Le grenier de ces pauvres gens est situé au-dessus d'un troisième étage : c'est le dernier degré de la misère dans les petites villes, surtout à cette époque où une maison à trois étages était une innovation. De la fenêtre du grenier on plonge sur une rangée d'ormes tranquilles qui forment des voûtes de verdure au-dessus de la tête des rares promeneurs de Bayeux. Au dessus des arbres, au bout de la promenade, se détache le clocher gothique de la cathédrale : l'esprit de Cyprien s'envola vers ce clocher qui lui représentait sa vie future, mais ce ne fut pas sans s'arrêter d'abord aux cimes des ormes verdoyants. La nature apparut avant la société. Des souvenirs de campagne où avait été élevé Cyprien se présentèrent en foule : il retrouvait ses camarades avec lesquels il avait joué dans les bois, arrivés à la jeunesse, devenant laboureurs, vivant à l'air pur, au soleil, menant une vie fatigante aux champs, rentrant à la ferme et trouvant la ménagère occupée à dresser la table, pendant que les enfants couraient autour en frappant la table de leurs couverts de bois. Son père n'était pas riche, sa vie avait été une longue fatigue pleine d'inquiétudes sur la récolte ; cependant, il vécut en paix avec sa mère, et ils vivaient encore sans regretter le passé et sans craindre l'avenir. La vue de la cathédrale lui inspirait ces souvenirs : ces pierres noires à l'extérieur, ces murs verdâtres au dedans, les prêtres, les chanoines que la vie ecclésiastique avait marqués de son cachet austère, en un moment les mœurs claustrales du clergé lui apparurent froids et rigoureux. Pour la première fois, depuis son entrée au séminaire, il se laissa aller à ces pensées qui l'étonnaient.

Au bas de la maison est un atelier de charron qui a établi en pleine rue des poteaux de bois à demeure pour ferrer les chevaux ; un ouvrier était occupé à cette besogne et sifflait en entassant des clous dans la corne du cheval. Il était libre! Le facteur passait avec sa boîte vernie sur la poitrine et portait ses lettres en ville. Il était libre! Dans les greniers voisins, on apercevait entre deux pots de fleurs des mères de famille qui faisaient danser leurs enfants sur les bras, et qui les penchaient vers la fenêtre pour leur montrer le mouvement de la rue. Heureuses mères, elles étaient libres ! Au loin, tout au bout de la rue, les garçons revenaient de l'école en se poursuivant. Libres aussi ! Ce vieux militaire, le débitant de tabac, qui était assis sur un banc de bois adossé contre la maison, et qui fumait tranquillement sa pipe, dont la fumée se perdait dans le feuillage d'une vigne grimpante. Libre encore ! Les oiseaux qui descendaient des tours de la cathédrale pour s'abattre sur les ormes verts. Libres ! libres ! Et au bout de la promenade, le vieux clocher recouvrait un petit groupe d'hommes enchaînés pour la vie, renonçant à la société, privés des joies de la famille, enfermés dans l'étroitesse d'une vie mesquine. C'est ainsi que s'amassent dans l'esprit des réflexions qui couvent longtemps comme une maladie, s'abattent sur le front, ternissent la lumière de l'œil, mordent la joue et enlèvent aux lèvres la pureté des premières années de la jeunesse.

IV

La noce normande.

Le vicaire que l'évêque envoya au village des Vertes-Feuilles en remplacement du curé Caneva, avait ordre de tenir M. de Boisdhyver au courant de la situation des esprits, à la suite des faits qui s'étaient passés dans le pays. Les dissensions ouvertes commençaient à se calmer, mais cependant le calme n'était pas encore revenu dans les familles, et le parti de l'ancien curé avait conservé un sentiment d'hostilité sourde que le vicaire ne jugeait devoir s'éteindre que longtemps après. Les haines subsistaient entre parents, entre amis; elles tiraient leur force de ce que, journellement, les partis se trouvaient en présence et ne manquaient pas de les raviver par des paroles d'amertume.

C'étaient les partisans du curé Caneva qui se montraient les plus intolérents; cela se voit surtout dans les petits pays où la religion, mal interprétée par des esprits étroits, leur montre leurs anti-religionnaires comme des caco-démoniaques qui corrompent tout ce qu'ils touchent. En descendant des causes générales aux particulières, le vicaire signalait à l'évêque divers faits isolés qui montraient la profondeur des discussions, et entre autres Luce Niquet, la base et la victime du désordre. Fiancée à un garçon du village, qu'elle aimait et dont elle était aimée, la famille de son futur s'opposait maintenant à son mariage. Les deux jeunes gens, dans le principe, avaient tenté d'échapper à l'autorité de leurs parents, et se donnaient des rendez-vous ; mais une coalition de vieilles femmes s'était formée pour soustraire le jeune homme à l'influence de Luce Niquet, et la famille de Louis Clérin fut informée que toutes les nuits le garçon s'échappait pour aller causer à la fenêtre de celle qui passait pour une diablesse.

Les propos les plus singuliers coururent sur le compte de la pauvre fille, qui était retournée à l'église accomplir ses devoirs religieux et qui faisait frissonner, disait-on, l'eau du bénitier quand en entrant elle trempait ses doigts dedans; elle passait pour irréligieuse depuis le prêche du curé Caneva, elle devint facilement sorcière. Son chat, qui jusqu'alors était regardé comme le plus innocent animal du village, ne tarda pas à passer pour son complice; il avait l'habitude de la suivre jusqu'au bout de la rue, devinait quand elle rentrait et allait à sa rencontre ; jusque-là on avait admiré sa gentillesse, mais il fut déclaré bientôt surnaturel, suppôt de Satan, et il eût péri victime de ses connivences diaboliques, si l'effroi qu'il inspirait n'eût empêché de s'en approcher.

A l'église, le vide se formait autour de la pauvre Luce, chacun suivait de l'œil ses moindres mouvements. La terreur même s'emparait des esprits les plus faibles, qui craignaient que sa présence n'amenât un malheur, peut être la chute soudaine de la voûte, pour châtier une fille hypocrite qui affectait les semblants de la religion. Les variations de la température étaient attribuées à Luce Niquet. Quand, au sortir de l'église, un grand vent s'élevait ou que la pluie commençait à tomber, on parlait des récoltes en secouant la tête, surtout si Luce avait passé près d'un champ ou d'un enclos, car on lui supposait la puissance d'empoisonner de son souffle les biens de la terre. Sans la protection vigilante du maire et du nouveau curé, Luce Niquet eût couru de grands dangers, car quelquefois dans les veillées on abordait la question de détruire la sorcière, l'ennemie du village. Un seul moyen était offert à Luce Niquet et à son père de recouvrer leur ancienne tranquillité, quitter le pays ; mais le père Niquet n'avait pas de fortune, vivait entièrement du travail de ses bras, et il entrait dans d'énormes fureurs quand on l'entretenait sur ce sujet.

M. de Boisdhyver suivait ces rapports avec le plus vif intérêt, tout en restant soucieux du mal qu'avait causé le curé Caneva dans cette commune si tranquille. Un matin l'évêque fit prévenir Cyprien de se disposer à l'accompagner au village des Vertes-Feuilles ; il était rayonnant, car il croyait avoir trouvé le véritable moyen de rendre la paix et de ramener la concorde dans ces cœurs troublés. L'abbé Ordinaire était du voyage ; ce fut la seule vengeance que tira l'évêque de la conduite de son vicaire-général aux assises du tribunal de l'officialité. Seulement celui-ci ne fut pas prévenu de l'objet du voyage de l'évêque ; aussi sa physionomie bilieuse prit-elle d'abord une expression de joie mal dissimulée.

L'abbé Ordinaire se croyait victorieux ; dans le fond de sa pensée il s'imaginait que ses actes et ses discours avaient inspiré quelque crainte à M. de Boisdhyver, qui, pour ne pas l'avoir pour ennemi, préférait à l'avenir l'initier à ses projets ; mais sa joie fut de courte durée lorsqu'il s'aperçut que le cocher prenait le chemin du village des Vertes-Feuilles. Sans comprendre le but du voyage de M. de Boisdhyver, il sentit qu'un événement allait se passer qui ne cadrait pas avec les idées qu'il caressait ; on arriva bientôt au village situé à deux lieues seulement de Bayeux, aussitôt l'évêque se fit conduire à la cure, pour se faire rendre compte de vive voix des moindres petits faits que le nouveau curé n'avait pu faire entrer dans sa correspondance. Un autre que M. de Boisdhyver, après avoir écouté tous ces faits, eût dit à l'abbé Ordinaire :

— Voyez, monsieur, à quoi peut mener un zèle religieux mal compris, jugez maintenant la conduite de l'abbé Caneva.

Mais l'évêque n'employait pas ces moyens trop directs, il n'aimait pas à sermoner ; sa vie se résumait à étaler d'un côté le bien et le mal, en démontrer les bons et les méchants côtés, et à faire en sorte, par sa douceur, que l'on choisît plutôt le bien que le mal. Le vicaire-général feignit de ne pas comprendre cette leçon, et ne dit pas un mot en faveur du curé Caneva, son protégé; mais cette nouvelle enquête n'était pas seulement le but de M. de Boisdhyver, qui pria le curé des Vertes-Feuilles d'envoyer chercher le maire ; celui-ci arriva bientôt, qui confirma l'état du désordre des esprits, il avait assisté aux premières étincelles de l'incendie, il le vit se développer peu à peu et enfin gagner tout le village. Il déplorait le mal sans accuser l'abbé Caneva, le principal auteur du mal. L'évêque lui demanda si l'on pouvait faire venir à la cure la fille Luce Niquet ; il avait le dessein d'entendre de la propre bouche de la victime ses souffrances ; mais le maire ouvrit un avis plus favorable.

—Monseigneur, si vous m'en croyez, je

vous enverrai chercher la famille de Louis Clérin et la jeune fille avec son père. Il est impossible qu'en votre présence les parties ne perdent pas cette aigreur et cette hostilité devant lesquelles jusqu'ici mon bon vouloir a été impuissant.

Le maire était un homme de grand sens; n'ayant pas réussi par l'autorité civile, il espérait que le pouvoir religieux pénétrerait plus vivement au fond des esprits naïfs de la campagne, et des ordres furent donnés pour que les Clérin et les Niquet vinssent au presbytère sans connaître d'avance le but de leur démarche. La cure des Vertes-Feuilles est située presque en haut du village qui s'étend et se déroule sur un versant de monticule. De là, on aperçoit presque toutes les maisons de paysans, qui, dans cette partie de la France, sont aisés. La portion du village la plus pauvre est occupée par les chasseurs de mulots et de taupes, célèbres par leur adresse dans toute la Normandie.

C'est aux Vertes-Feuilles qu'a été composée la fameuse chanson :

> Taupes et mulots
> Sors de men clos
> Ou je te casse les os.

A cette saison les chasseurs de taupes

étaient partis et diminuaient le nombre des feux de la commune : aussi ne voyait-on que la moitié des cheminées laisser échapper des petits flocons de fumée qui montrent la vie à l'intérieur et qui appellent le souvenir de la vie domestique. L'évêque regarda longtemps ce village aux toits d'ardoise et de tuiles qui semblaient n'abriter que la tranquillité; les clos étaient entretenus avec un grand soin, les pommiers et les poiriers couverts de fruits, un grand soleil inondait toute la vallée, un petit vent fin de mer à supporter les ardeurs du midi, on eût juré que cet endroit était le plus heureux de la terre, qu'il n'y avait qu'à se laisser vivre et que les agitations de la ville ne pouvaient pénétrer dans ce riant séjour. Cependant, par la faute d'un seul homme, sous ces toits domestiques, dans ces vergers fertiles, la discorde avait introduit son poison.

M. de Boisdhyver, pour réfléchir plus paisiblement à sa mission, entra dans une petite allée d'arbres faisant partie du jardin de la cure. Là il échappait à l'ardeur pénétrante du soleil, et il se promena à grands pas jusqu'à ce qu'il fût averti par la sonnette de la cure que quelqu'un venait d'entrer. Bientôt le curé lui amena la famille du jeune homme qui faisait tant d'opposition à l'union de Luce. Il ne fallut pas une longue conversation à l'évêque pour s'apercevoir que des intérêts matériels bien plus que religieux, séparaient les deux familles.

Les Clérin avaient laissé leur fils Louis se porter comme prétendu de Luce, parce qu'ils espéraient qu'à la première occasion il serait facile de hâter une rupture. Le père de Luce était pauvre et il ne donnait pas de dot à sa fille, fait aussi mal vu au village qu'à la ville ; mais comme les Clérin ne voulaient pas faire mine de peser sur la volonté de leur fils, ils attendaient la plus petite brouille, la moindre jalousie pour essayer de ramener Louis vers un meilleur parti. L'anathème lancé par le curé Caneva servit merveilleusement les vues des fermiers qui devinrent tout à coup les plus zélés défenseurs de la religion : une partie des troubles qui éclatèrent dans le village des Vertes-Feuilles fut leur ouvrage, car ils avaient intérêt à envenimer l'affaire et à faire naître de tels désordres que Luce fût obligée de quitter le village. Quoique rusés, les fermiers laissèrent passer dans la conversation le bout de l'oreille, et M. de Boisdhyver feignit de croire qu'ils avaient été réellement emportés contre Luce par une dévotion outrée.

— Voilà des gens bien pieux, dit-il à M. Ordinaire qui l'assistait pendant cette conversation.

— Oui, monseigneur, répondit le grand-vicaire triomphant d'avoir rencontré dès l'abord des partisans du curé Caneva.

— Cependant je regretterai toujours que

cette malheureuse fille soit sacrifiée à une sorte d'intolérance.

M. Ordinaire répondit en parlant de la Foi dont on ne pouvait trouver la preuve que dans l'intolérance.

— Ces paysans ont la Foi ! dit en souriant M. de Boisdhyver.

Pour s'en assurer, étant retourné à Bayeux, il chargea de nouveau le curé des Vertes-Feuilles de donner, de sa part, une dot à Luce Niquet, et de rendre le fait assez public dans le village et les environs, pour que la pauvre fille fût vengée des attaques dont elle avait été l'objet. A la première nouvelle que l'évêque avait doté Luce, la renommée publique voulut que la fille du bûcheron devînt tout à coup une riche héritière : c'était cependant une dot modeste, mais dans les circonstances actuelles, elle prenait de l'importance par la qualité de celui qui l'offrait.

Les Clérin oublièrent aussitôt leurs rancunes religieuses, et d'après les menées adroites du nouveau curé qui, suivant les instructions de M. de Boisdhyver, employait son influence à rapprocher ses paroissiens autant que M. Caneva en dépensait à les séparer, une réconciliation eut lieu entre les deux familles, et bientôt le curé annonça à l'église les bans de Luce Niquet et de Louis Clérin. Un murmure bruyant et joyeux se fit entendre dans l'église à cette nouvelle, car chacun était embarrassé de la situation pénible où il se trouvait depuis l'anathème.

La moitié des familles étaient divisées ; on se rencontrait à chaque pas avec un adversaire, les marchés en souffraient. Aujourd'hui le mariage annoncé rapprochait amis et ennemis ; la joie éclatait sur tous les visages ; mais la surprise et la stupéfaction furent poussées au plus haut degré quand le prêtre fit suivre la lecture des bans de cet avertissement inusité : « Monseigneur de Boisdhyver, évêque de Bayeux, viendra bénir l'union des époux. C'était la plus complète réhabilitation que Luce eût jamais pu espérer; l'honneur de cette bénédiction surpassait les tortures morales par lesquelles la jeune fille avait passé. Elle s'évanouit de joie dans cette église, dont elle s'était vu chasser six mois auparavant; mais l'évanouissement ne fut pas de longue durée. Les femmes l'entourèrent, s'empressèrent auprès d'elle, lui prodiguèrent mille soins, et les mêmes vieilles femmes qui l'avaient dégradée précédemment, auraient regardé comme une faveur de tomber à ses genoux à cette heure.

— Ah! disaient en sortant les vieilles superstitieuses. Luce n'a pas marché sur la patte d'un chat.

— Ni sur sa queue, disait une autre.

Dans cette partie de la Normandie, on croit que celle qui a marché sur la patte d'un chat ne se mariera pas avant trois ans et même quatre ans si la queue a été atteinte du même coup.

Les cérémonies particulières qui entourent une noce normande sont trop longues pour être décrites ici ; mais on les avait augmentées encore pour la réception de M. de Boisdhyver. Le pays, d'ailleurs, se prêtait tout entier à cette noce pour deux raisons : effacer la discorde qui séparait les habitants, et l'année semblait devoir être *pommeuse*. On ne voyait pas sur les routes beaucoup de *quétines,* qui sont des pommes tombées avant la maturité, et la récolte s'annonçait avec abondance.

Tous les jours, maintenant, Louis voyait Luce et remplissait ce qu'on appelle dans le pays la *bienvenue ;* la dot étant convenue, les parents s'étaient donné les bonnes paroles ; tout le village se préparait à cette solennité qui devait laisser dans le pays des souvenirs imposants. M. de Boisdhyver vint de Bayeux avec M. du Pouget qui était celui qui pouvait lui expliquer le mieux les coutumes du pays : Cyprien et les serviteurs ordinaires de l'évêque le suivirent également. On descendit au presbytère où le curé avait réuni quelques vi-

caires des environs de la cure, on passa à
à la sacristie qui y communiquait par une
porte réservée.

Si un village est mis en émoi par une
simple noce, on pense quelle curiosité emplissait les esprits. Chacun était avide de
contempler l'évêque officiant avec ses habits de pompe. Le suisse de l'église avait
peine à contenir la foule turbulente qui
s'entassait devant la porte de la sacristie,
attendant la sortie de M. de Boisdhyver
avec une curiosité telle que rien n'aurait pu
la déloger de ce poste ; cependant le cortége triomphal s'avançait au dehors.

Les mariés se placèrent d'abord au milieu de la nef, sous le crucifix pendu à la voûte, suivant le cérémonial usité ; ensuite ils allèrent entendre l'Évangile au maître-autel et firent une station à l'autel de la Vierge pour y déposer leurs cierges. Les anneaux échangés, M. de Boisdhyver monta dans la petite chaire de bois blanc d'où le curé Caneva avait anathématisé la jeune fille qui à cette heure était triomphante, au devant de la foule, près de son fiancé, subissant l'influence de la belle physionomie de l'évêque. Autant les voûtes avaient retenti de la parole amère du précédent curé, autant M. de Boisdhyver prit à tâche de la purifier pour ainsi dire en prenant pour texte : « La Miséricorde. »

Ayant commencé par faire une allocution aux nouveaux mariés, maintenant il s'adressait aux paysans qui l'écoutaient comme le Messie. M. du Pouget eut, à propos du sermon, un de ces mots heureux qui peignent tout à la fois l'évêque et ses auditeurs : « Si l'oreille ne comprend pas, disait il, l'âme entend. » Suivant son habitude, le discours de M. de Boisdhyver fut court ; rarement il dépassait un quart d'heure dans ses prêches, et il recommandait instamment aux prêtres de ne jamais parler plus de dix minutes, certain qu'ils produisaient un bien plus grand effet dans ce bref espace de temps.

Certainement, le conseil n'eût pas été suivi par les orateurs de profession qui ont besoin d'un temps plus considérable pour préparer leurs effets, s'échauffer et arriver à de certains mouvements oratoires que M. de Boisdhyver n'ambitionnait pas. Ses discours ne ressemblaient en rien à des discours préparés : l'artifice de la parole en était chassé ainsi que les grands mots, les citations latines et tout ce qui sert d'ordinaire à provoquer sinon l'admiration, au moins l'étonnement. L'évêque parlait simplement et savait se faire entendre des gens de toutes les classes. Ses discours roulaient presque constamment sur des sujets à portée de tous, et il se gardait d'entrer dans les abstractions théologiques. Aussi, les paysans des Vertes-Feuilles écoutaient-ils le prélat avec admiration, et on pouvait dire d'eux qu'ils étaient suspendus aux lèvres de l'évêque.

Cependant la cérémonie touchait à sa fin, déjà on entendait à la porte de l'église le tumulte du cortége, précédé du *sonneur* de violon qui attendait la mariée. Quand Luce et Louis sortirent, fiers de la solennité avec laquelle ils avaient été unis, des décharges de vieux mousquets et de boîtes les accueillirent. Suivant l'usage, un garçon présenta la main à la mariée, la fit danser un moment et en reçut un ruban ; un autre garçon eut le privilége de prendre Luce par la taille et de la porter sur la selle d'un cheval ; ainsi que le premier, il fut payé de ses soins par un ruban que la mariée détacha de sa ceinture.

Tout l'attirail des grandes noces était préparé sur la place. L'armoire couchée sur une charette, la fameuse armoire qu'apporte en mariage toute fille à son fiancé. C'est une haute armoire, sculptée par un habile ouvrier, qui représente surtout la consécration du mariage plutôt que le *oui* prononcé devant le maire. N'est-ce pas le symbole de l'économie, de l'emmagasinement que cette armoire envoyée par la fiancée à la maison des noces avant d'y entrer elle-même? Le symbole est du reste bien plus vivement confirmé par la présence de la sœur de la mariée sur le devant de lu charrette, assise sur les oreillers du lit nuptial, tenant en main un rouet et une quenouille. Luce n'avait pas de sœur, mais une de ses cousines avait accepté avec empressement de jouer le rôle de la personnification du travail dans cette heureuse noce. Avec ce rouet et cette quenouille, on comprenait que la grande armoire sculptée serait bientôt remplie de linge tissé par une habile ménagère. Sur le chemin et toujours d'après le cérémonial usité, la couturière distribuait des paquets d'épingles aux jeunes filles qu'elle rencontrait.

M. de Boisdhyver et son cortége de prêtres suivaient la noce, car il restait encore quelques cérémonies religieuses à accomplir, quoique au sortir de l'église les symboles profanes prissent le dessus. La porte du fiancé était défendue par trois barrières de rubans, de chapelets, de fleurs que la mariée devait franchir ; ensuite le cortége entra dans la chambre où l'évêque bénit le lit nuptial, et pendant que la mariée rendait visite aux voisins et voisines, leur portant des épingles et recevant en échange des quenouilles de chanvre et de lin, M. de Boisdhyver rentrait au presbytère pour dépouiller ses habits épiscopaux; car il avait promis d'assister au festin, au premier festin seulement, l'habitude étant de rester trois jours et trois nuits sans se lever de table. Déjà le mari aidait le cuisinier pour arriver à ce gros repas, et les pauvres se présentaient réclamant la part à Dieu, sur les rimes d'un vieux couplet orné d'une mélodie touchante. Par les soins de Luce, de la soupe et des pains avaient été préparés pour les pauvres, qui doivent être les premiers servis, si on veut que le mariage tourne à bien.

Des masques, des *follets*, des cavaliers montés sur des chevaux de bois emplissaient la rue des mariés de leur sauvage musique. Une chose singulière fit que M. de Boisdhyver, qui revenait du presbytère, fut accompagné par ces masques grotesques qui s'imaginaient naïvement lui rendre hommage en soufflant deux fois plus fort qu'à l'ordinaire dans leurs cornets et leurs trompes. C'étaient les mascarades qui avaient poussé si loin l'indignation du curé Caneva ; qu'aurait pensé le vicaire général Ordinaire, s'il eût vu un évêque suivi et acclamé par une bande de masques. M. de Boisdhyver sentait quel singulier rôle le hasard lui avait ménagé ce jour-là, et il pria le curé des Vertes-Feuilles d'engager les masques à ne pas le suivre : mais les garçons du village croyant que leur cortége était le plus grand hommage qu'ils pouvaient offrir à M. de Boisdhyver, ne voulurent pas entendre les remontrances de leur curé. L'évêque sourit et prit cette mascarade en patience; d'ailleurs on approchait de la maison des fiancés où les masques n'avaient pas le droit d'entrer avant la nuit.

Déjà la noce était à la danse; car les Normands ne perdent pas de temps les jours de fête, où l'on ne quitte la table que pour la danse et la danse que pour la table. Danser, manger, jamais dormir, telle est la conduite ordinaire d'une noce pendant trois jours, sans compter le *raccroc* du dimanche suivant, où on recommence cette vie de félicités, qui se traduit par cette image : « Manger la paille du lit de la bru. »

M. de Boisdhyver était revenu avec le curé des Vertes-Feuilles offrir un cadeau à la mariée : à la fin d'une contredanse, les époux font le tour des quadrilles, et la mariée tend son tablier afin que les danseurs y jettent leurs présents. Luce recueillit ainsi de la toile, des bouteilles de vin, de la faïence. M. de Boisdhyver lui passa au cou une jolie croix. Une grosse et bruyante joie emplissait les salles ; mais le repas n'était pas encore prêt, et l'évêque put aller visiter avec le desservant du village un malheureux qui se mourait d'une lente phthisie et dont la durée étonnait les paysans, car aux derniers feux de la Saint-Jean, on l'avait porté auprès du *candiot;* on avait recueilli des charbons du *candiot* pour lui porter bonheur en les mettant sur sa cheminée, et il n'était pas guéri.

Il y a encore dans ces villages des restes de superstitions qu'expliquent des couronnes de lierre et d'œufs entrelacés placées à chaque porte ou au dessus du foyer avec

des couronnes d'herbes de la Saint-Jean
pour préserver de la foudre et des voleurs.
Quelques-unes de ces superstitions sont
touchantes et dénotent dans ce peuple un
fond de bonté, mais d'autres sont purement inspirées par la peur et l'ignorance.
Cependant M. de Boisdhyver ne put voir
sans émotion, aussitôt qu'on eût découpé
à table, le premier morceau de rôti enfermé dans une armoire et réservé pour
les parents absents. Le frère de Luce Niquet était un matelot de la marine militaire,
parti depuis deux ans sur un vaisseau faisant une expédition autour du monde, et
on lui réservait un morceau de viande qui
devait servir à connaître de ses nouvelles.
Si la viande restait intacte, on augurait
qu'il se portait bien, si elle se moisissait,

l'absent était malade, si elle se gâtait, il était mort.

Le cidre aussi jouait un grand rôle dans la cérémonie. On avait fait asseoir une jeune fille sous la poutre, et elle devait boire le premier et le dernier verre de cidre du repas pour se marier dans l'année. Sans doute, vers la fin de la restauration, on commençait à rire de ces usages et de ces superstitions, mais elles étaient encore fortement enracinées chez quelques uns.

Le chanoine Godeau manquait à ce repas énorme, où se trouvait placé comme une statue sur une colonne un croupion d'oie fiché sur des allumettes et posé sur une bouteille, afin de stimuler l'ardeur des buveurs de cidre. Ce délicat morceau était la récompense de celui qui avait le plus enterré de pots de cidre; mais, sans cette prime, deux tonneaux de cidre mis en perce exprès pour le repas et posés sur une table haute, décorés de rubans et de faveurs de toute couleur, n'eussent pas moins été bus et vidés le même soir. L'eau-de-vie, le genièvre servaient à pousser le cidre, et M. de Boisdhyver, qui n'avait jamais assisté à une fête de paysans, était surpris de la rapidité avec laquelle on allait de la table aux tonneaux, d'autant plus que le verseur se plaisait à constater d'un air malin le vide qui s'opérait à chaque instant dans les tonnes.

Les chansons commencèrent à se réveiller dans le gosier des buveurs, elles ne demandaient qu'à sortir. Le futur chanta une espèce de chanson de noce qui sert à déployer toutes les richesses de sa garde-robe.

Il s'agit des bottes, si révérées dans certains villages, qu'on voit pendues au plafond des bottes qui ont vu trois générations. La Normandie n'est pas tout à fait aussi ménagère des bottes que la Bretagne où les jeunes gens vont pieds nus à la messe et ne chaussent leurs bottes que sous le portail de l'église ; mais les bottes ont toujours été un objet de respect pour le campagnard. Louis chanta le premier couplet :

> J'ai encore dans mon coffre
> Les bottes à papa grand,
> Que je mets fêtes et dimanches
> Le jour de carême prenant.

Cette chanson, d'une simplicité naïve, à laquelle toute la table répondait par un refrain, ne variait que suivant la condition de fortune de l'époux. Au second couplet, il chantait : « J'ai encore dans mon coffre les chemises à papa-grand, etc. » Au troisième, c'était la perruque du grand-père ; le chapeau arrivait au quatrième couplet, et le mari détailla ainsi chaque objet provenant de ses aïeux et formant un nouveau couplet. Plus il y avait de couplets, plus le futur était pourvu d'effets, de linge et de mobilier, et plus la noce répétait avec joie le refrain. M. de Boisdhyver jugea prudent de laisser la noce à sa jubilation ; déjà les propos salés allaient leur train et les buveurs voulaient apprendre à Luce Niquet la fameuse oraison : « Benedicite, je me couche, je ne sais pas ce qui va me venir, je m'en doute. »

V

L'évêché restauré.

Les travaux de l'évêché étaient terminés; M. de Boisdhyver put y faire son entrée et recevoir dignement les personnes qu'il désirait inviter à ses soirées. Sans avoir l'apparence d'un palais, le nouvel hôtel prit l'aspect qui convient à la grandeur de l'épiscopat moderne. Les anciens murs d'enceinte que le temps avait couverts de sa rouille noirâtre furent grattés jusqu'au vif, et retrouvèrent leur couleur primitive de pierre un peu jaune. Toute la rue du Cloître qui mène à l'évêché fut dépouillée des mousses humides et des bouquets d'herbe entre chaque pavé, qui ne contribuaient pas peu à donner à ce quartier l'aspect de grandes voies abandonnées. La grande cour de l'évêché fut dallée avec d'anciennes pierres tombales usées qui emplissaient depuis longtemps les galeries supérieures de la cathédrale. Une statue de Fénelon en marbre blanc s'élevait au milieu de la cour et fut envoyée de Paris, selon les ordres de M. de Boisdhyver : c'était placer l'évêché sous le patronage d'un prélat distingué par son beau caractère et la pureté de ses écrits. A la place de l'ancien escalier de pierre qui menait à la grande porte vitrée du rez-de-chaussée, et qui se composait de vieilles marches presque toutes ébréchées et disjointes, l'architecte construisit un bel escalier de six marches larges, s'étalant sur le devant de la façade et donnant au corps de bâtiment une base plus étoffée. Les greniers de l'ancien archevêché étaient remplis de débris de toute espèce : vieilles grilles, vieilles boiseries, vieilles statues mutilées, auxquelles personne ne prenait garde, à cause de la poussière et des toiles d'araignée qui s'en étaient emparées.

Un état analytique avait été tenu de

toutes ces vieilleries, que Cyprien reçut ordre d'examiner. D'après son rapport, M. de Boisdhyver put choisir des objets d'art curieux qui, restaurés, reprirent leur ancienne magnificence. C'est ainsi que des grilles basses, ouvrages de serrurerie remarquables par la finesse de leurs sculptures, vinrent étaler leur ventre et leurs somptueux ornements dorés de chaque côté de l'escalier. En grattant les murs intérieurs de la cour qui avaient été couverts à différentes reprises de couches de chaux épaisses, sur lesquelles la pluie et le mauvais temps avaient déposé leur crasse, on retrouva d'abord au rez-de-chaussée des sculptures en ronde-bosse peu accentuée, sorties évidemment du ciseau d'un élève de Jean Goujon.

Le bâtiment semblait avoir été construit à trois époques différentes ; la base appartenait à la Renaissance ; le premier étage, contenant des marqueteries en briques de couleur, était évidemment du règne de Louis XIII, ou du moins inspiré par les constructions particulières à cette époque ; pour le second étage, présumablement il avait été refait après coup par suite d'éboulement ou d'incendie, et l'art ronflant et maniéré du dix-huitième siècle y avait imprimé ses contournements, ses choux et ses astragales. Ainsi restauré à l'extérieur, le palais épiscopal fournit de curieux commentaires aux imaginations archéologiques de la Normandie. M. du Pouget n'apporta pas un mince concours à l'embellissement de l'évêché ; guidé par

lui, Cyprien put prendre une teinte de
connaissances monumentales qu'il ignorait
jusque-là. Zélé et pieux conservateur des
églises du diocèse, on ne pouvait reprocher à M. du Pouget que de se laisser entraîner trop loin par l'archéologie ; si un
trait peut donner l'idée d'un homme, l'anecdote suivante circulait dans le clergé
sur M. du Pouget qui prêchait l'Avent dans
une petite église de campagne des environs de Bayeux, monte en chaire, s'agenouille, prie, se relève : « Mes frères ! » s'écrie-t-il, et il promène ses regards dans le
vaste espace de l'église pour mieux assembler ses idées. Tout à coup sa figure change
d'expression, il saisit un crayon placé près
de ses notes, fixe ses regards sur un pilier,
les reporte sur son papier, ses yeux s'a-

niment, sa main s'agite, l'auditoire s'inquiète, et pendant un quart d'heure reste stupéfait.

M. du Pouget, frappé par un bizarre chapiteau où s'entrelaçaient des moines et des diables, oubliant tout à coup ses auditeurs, s'était mis à dessiner le chapiteau. Quand, plein de contentement d'avoir fixé sur le papier un spécimen curieux de l'art symbolique du moyen-âge, M. du Pouget fut tiré de sa fièvre artistique, il s'aperçut seulement alors que depuis vingt minutes il tenait l'auditoire dans la stupéfaction. Troublé, ayant perdu le fil de ses idées, il renonça dès-lors à prêcher en public. Ce fut lui qui fit décorer le grand salon du nouvel évêché de grands panneaux de l'époque de Louis XVI, où il y avait bien quelques nœuds d'amour sculptés et quelques colombes trop éprises, mais la couleur de chêne qu'on retrouva sous celle un peu coquette de gris perle ajoutée précédemment, refroidit et apporta du calme dans ces délicieuses sculptures mondaines. Un mobilier d'ébène, avec des encoignures en cuivreries dorées, acheva de décorer ce salon. A cette époque, la Normandie était pleine de ces sortes de mobiliers alors sans valeur, qui n'avaient pas encore conquis le titre pompeux de *curiosités*. M. du Pouget fut heureux de pouvoir appareiller, en courant tout le pays, un salon unique en ce genre par l'harmonie des étoffes, des boiseries et des meubles.

M. du Pouget fit part à M. de Boisdhyver des connaissances spéciales que le curé de la paroisse Saint-Nicolas ; l'abbé Gratien, avait dans la science du jardinage. Il est bien rare que le prêtre ne soit pas atteint d'une passion innocente ! la manie s'empare de ces existences tranquilles et leur impose son joug tyrannique. L'abbé Gratien jouissait, non loin de son presbytère, d'un assez grand jardin, dans lequel il passait les deux tiers de sa vie, et il en était le seul directeur. Jamais un terrassier n'aida le curé de Saint-Nicolas dans les travaux fatigants du jardinage ; M. le curé bêchait, greffait, pompait, arrosait, brouettait, coupait, taillait, plantait, arrachait et semait.

C'était un curieux type que l'abbé Gratien dans l'activité du jardinage, avec son costume particulier : il enlevait sa soutane, sans s'inquiéter des ardeurs de l'été ni des frimas de l'hiver, et restait ainsi en plein air en culottes courtes, en bas noirs, en bras de chemises, ne conservant de son costume d'ecclésiastique que son rabat et sa calotte. Ce gros petit homme rubicond, avec son ventre proéminent qui ne demandait pas mieux que de se faire porter par la brouette, ruisselait de sueur en puisant de l'eau, en transportant du terreau, du fumier, et ne rêvait certainement pas un avenir plus agréable en paradis. Son jardin était pour lui un Éden, et les mauvaises langues prétendaient que le premier coup de la messe lui faisait toujours faire une grimace, car il ne quittait qu'à regret ses chères plates-bandes, sa serre si bien meublée et ses arbres fruitiers qui étaient son orgueil. Sans y attacher d'idées religieuses, il avait une dizaine de poiriers particuliers qu'il veillait l'hiver avec autant de soins qu'une mère pour son enfant : c'étaient des poires de l'espèce dite de *bon-chrétien*, qui auraient fait pâlir de jalousie les plus beaux fruits des étalages parisiens de marchands de comestibles.

M. Gratien s'était acquis une renommée proverbiale par ses poires de bon-chrétien ; les paroissiens qui voulaient le caliner ne lui demandaient pas comment il se portait, mais commençaient par l'interroger sur la santé des poiriers de bon-chrétien ; alors l'abbé Gratien disait ses transes, ses insomnies, ses rêves, ses petits bonheurs à l'époque de la floraison, ses grands malheurs quand survenaient les vers rongeurs et les gelées tardives. Les poires de bon-chrétien remplissaient sa vie ; entre tous les fruits, c'étaient ses favoris. S'il consacrait huit heures par jour à son jardin, les poiriers de bon-chrétien accaparaient deux tiers de ses regards et de ses pensées. Quand il disait l'hiver la messe à Saint-Nicolas et que le froid le prenait aux pieds et aux mains, il ne pouvait s'empêcher de songer combien devaient souffrir des rigueurs de la saison ses pauvres poiriers, et il combinait sans cesse des engrais particuliers pour leurs racines, des bonnets bien chauds pour leur tête, et des vestes bien ouatées pour leurs corps, car il les habillait et et les vêtissait dans la froide saison, comme de délicats enfants de prince.

L'égoïsme ne poussait pas M. le curé de Saint-Nicolas à agir ainsi, car il n'eut jamais les goûts friands du chanoine Godeau ; son plus grand plaisir était d'obtenir des fruits nouveaux d'une taille extraordinaire et d'une couleur remarquable, qu'il envoyait par sa gouvernante, en cadeaux, aux membres principaux de sa paroisse. A Paris, une assiette de ces beaux fruits eût coûté cinquante francs au Palais-Royal ; mais M. Gratien ne mangeait jamais une poire chez lui : quelquefois il acceptait une invitation à dîner; sa joie était immense au dessert quand il reconnaissait ses enfants, et il avalait peut-être encore avec plus de plaisir les éloges que les fruits amenaient sur les lèvres des convives.

Si on ajoute à cette innocente distraction certains pêchers qui marchaient en second dans l'esprit du curé de Saint-Nicolas, on aura un portrait exact de cet excellent homme, qui, en envoyant ce cadeau à domicile en place de ses chères pêches, recommandait surtout de garder soigneusement les noyaux, car il avait l'orgueil des arbres qu'il avait plantés; et s'il envoyait vingt pêches, il voulait qu'on lui rendît vingt noyaux, afin d'être le seul possesseur de cette espèce. Il se brouilla pendant une année avec le juge de paix, qui, oubliant cette recommandation, avait fait jeter à la rue les noyaux de ces pêches savoureuses ; et ce ne fut qu'à la suite d'une enquête constatant exactement que la servante seule était coupable de légèreté en cette affaire, qu'il rendit ses bonnes grâces au juge de paix.

En voyant le petit jardin noir et humide de l'évêché, M. Gratien, loin de se laisser aller au découragement, se sentit transporté d'un immense courage. Il y avait de la besogne. Les allées étaient obstruées par les branches parasites de rosiers qu'on n'ébranchait pas depuis plusieurs années, et qui semblaient devoir revenir bientôt à leur état sauvage primitif. Les allées n'étaient jamais ratissées, et l'accumulation des feuilles des branches poussées formait une sorte de fumier naturel fort propre à être employé utilement ailleurs, mais qui ne témoignait guère de la propreté de celui qui prenait soin du jardin du vivant de l'ancien évêque. Effectivement, madame Compère trouvant largement de quoi nourrir ses lapins dans le potager, le jugeait suffisamment entretenu pour servir de lieu de plaisance à son corbeau.

La distribution du jardin était déplorable et faite sans aucun goût: des allées trop étroites, un boulingrin morne et désolé couvert d'une herbe maladive, des arbres à fruits enfouis sous des sapins, des fleurs entassées sous les arbres à fruits ; tout se contrariait, s'annihilait. Une main semblait avoir jeté dans l'air des graines d'arbres, de fleurs, sans s'inquiéter où elles tomberaient. Le curé de Saint-Nicolas ne se rebuta pas devant cette incurie ; il lui en coûta quelques contemplations perdues pour ses chers poiriers ; mais M. Gratien en conservait une image dans son cerveau, comme ces profils de maîtresses que les amants regardent sans cesse ; aussi réfléchi que ces fameux joueurs d'échecs qui peuvent jouer une partie sans regarder l'échiquier, M. Gratien, tout en travaillant au jardin de l'évêché, eût pu dire : « J'ai encore tant de poires de bon-chrétien à cueillir cette année. Celles du côté gauche sont plus avancées en maturité : à droite, il y en a trois ou quatre d'un vert léger qui m'inquiètent un peu, surtout la troisième de la seconde branche près du tronc. » Pour M. Gratien, autant il y avait de fruits sur un arbre, autant chacun d'eux avait sa physionomie particulière ; il leur prêtait une telle attention qu'il les distinguait comme on est frappé par un enfant pâle ou un enfant rose ; d'après la robe, la pelure des fruits, il admettait leur supériorité intérieure. Nouveau Cabanis pour ce qui regardait les produits des arbres fruitiers, le curé de Saint-Nicolas eût été tout étonné s'il avait su se rencontrer avec un matérialiste.

En deux jours le jardin de l'évêché fut

bouleversé par M. Gratien, qui arrosa réellement la terre de ses sueurs : déplanter les arbres, faire des terrassements, dessiner des allées, des parterres, rien ne coûta au gros curé de Saint-Nicolas ; certainement si l'exercice enlevait de l'embonpoint, comme le soutiennent les empiriques, M. Gratien serait sorti au bout de huit jours de l'évêché pas plus gros qu'une flûte traversière. Cependant son ventre continuait à s'avancer d'une façon menaçante dans la brouette quand il la ramenait vide ; autrement il était obligé de s'écarter le plus qu'il pouvait et de prendre les manches de la brouette presqu'au commencement. Ce que M. du Pouget avait fait pour la restauration de la cour de l'évêché, M. Gratien le fit également pour le jardin.

Après force déplantations, ébranchements d'arbres, les allées humides purent recevoir enfin les rayons bienfaisants du soleil qui n'y était peut-être pas entré depuis vingt ans. L'humidité rentra honteusement dans la terre, chassée par les rayons brillants de l'astre à qui le curé de Saint-Nicolas avait fait cadeau de nouvelles promenades, et un aspect riant vint changer la façade de derrière de l'évêché, qui, jadis, remplissait l'âme de tristesse. Huit grands orangers en caisse furent placés de chaque côté des marches descendant du corps de bâtiment au jardin, et formèrent une rampe qui correspondait à la belle grille en serrurerie de la façade opposée. M. Gratien mit à néant l'ancien potager qui révélait des goûts bourgeois dans un jardin si peu considérable; il put agrandir ainsi la promenade et l'orner de plantes plus divertissantes à l'odorat et à la vue.

M. de Boisdhyver, entré jadis dans l'évêché avec un certain serrement de cœur, provoqué par le désordre, la malpropreté, le manque de soins les plus simples, crut visiter un palais quand MM. du Pouget et Gratien eurent terminé leurs restaurations. Tout avait changé à tel point que les oiseaux eux-mêmes s'en faisaient fête et remplissaient les arbres de cris et de chansons joyeuses. Du temps du précédent évêque, seules les chauves-souris animaient le jardin de leurs battements d'ailes sourds et sinistres; aux heures où le jour tombait, elles étaient maîtresses absolues du jardin et venaient s'y livrer à leurs nocturnes ébats.

— Monsieur Gratien, dit l'évêque, je prierai pour vous saint Fiacre qu'il vous protége... Vous êtes le digne fils du patron des jardiniers. J'espère, monsieur le curé, qu'on vous verra souvent à l'évêché... Je recevrai une fois par semaine, et je tiens à m'entourer de prêtres que j'aime.

Pour M. du Pouget, l'évêque lui fit cadeau, en remercîment des soins qu'il avait apportés à la restauration du bâtiment, des *Acta sanctorum* des Bellandistes, livre d'un prix considérable. C'est par des attentions sans nombre que M. de Boisdhyver se faisait tous les jours des partisans dans le clergé de Bayeux, et qu'il ramenait peu à peu ceux qui d'abord marchaient sous la bannière de M. Ordinaire.

Ces restaurations avaient fait grand bruit dans la ville : on commença par parler de vingt mille francs dépensés dans la construction de l'évèché, de vingt mille on enjamba jusqu'à cinquante mille. Arrivé à cent mille on ne s'arrêta plus ; c'était par millions qu'on comptait.

— M. de Boisdhyver a dépensé des millions dans l'évêché, disait-on. — La statue de marbre de Fénelon ne contribua pas peu à entretenir l'idée d'un évêque millionnaire ; cette statue était le seul objet de luxe que se fût permis l'évêque dans sa vie. A Paris, elle seule ornait son appartement ; exécutée de grandeur naturelle peu de temps après la mort de l'évêque de Cambrai, et remarquable par cette ampleur de draperies que le sculpteur, évidemment élève de Lebrun, imagina pour rehausser la noble figure d'une des plus remarquables figures du grand siècle, cette statue fut achetée par M. de Boisdhyver, alors qu'exerçant des fonctions modestes à l'archevêché de Paris, il voulut toujours avoir sous les yeux les traits calmes et fins du prélat de Cambrai. Fénelon et François de Sales furent ses modèles, ses patrons ; il s'appliqua à les étudier, à les méditer et à les continuer. Dans sa cellule, en face d'un Christ en bois, un magnifique portrait gravé de saint François de Sales faisait pendant ; tous les soirs, M. de Boisdhyver, agenouillé devant l'image du prélat savoyard, repassait chacune de ses actions de la journée et se demandait comment, dans cette situation, François de Sales eût-il agi ? Puis, avant de s'endormir, M. de Boisdhyver relisait une des nombreuses biographies qui ont été laissées sur le prélat, ou il s'inspirait de quelques-unes de ses lettres spirituelles. La simplicité, la grandeur d'âme, la bonté, l'amour de la nature, qui sont enfouis dans chacune des lignes du saint, pénétraient jusqu'au cœur M. de Boisdhyver, et il s'endormait le sourire sur les lèvres, trouvant dans chacune de ses lectures une confirmation à ses moindres actes. Ce fut ce qui décida sa fortune rapide. Sans ambition, content de sa position, ne rêvant ni grandeurs ni dignités, heureux de faire le bien, trouvant dans les émoluments de sa place à l'archevêché de Paris, de quoi satisfaire à ses nombreuses aumônes, M. de Boisdhyver fut tout étonné d'être appelé à l'archevêché de Bayeux, poste qu'il n'avait jamais brigué et dont il comprenait la haute importance; car tous les jours des solliciteurs en robe assiégent l'archevêché, comme d'autres en habit emplissent les ministères. Les demandes sont aussi nombreuses d'un côté que de l'autre. Le but est le même, l'intrigue joue le même rôle, les sollicitations, les recommandations se retrouvent aussi bien au religieux qu'au civil; on se courbe dans les bureaux de l'archevêché comme dans les bureaux de ministres; si les habits changent de formes, seules les passions de l'homme ne varient pas.

Les chanoines n'ont pas l'habitude de demeurer à l'évêché; ils s'établissent, suivant leur convenance, dans des maisons particulières où ils prennent leur pension; généralement, dans les petites villes de province, on les voit faisant partie pour ainsi dire d'une famille pieuse qui se dévoue à leur entretien et qui se trouve trop honorée, moyennant une petite pension, d'avoir sous son toit un dignitaire de l'Église ; mais comme M. de Boisdhyver n'avait pas de train de maison, et que l'évêché restauré donnait cinq ou six logements vacants, M. de Boisdhyver fit offrir à quelques chanoines un appartement convenable qui apportait une économie dans leur budget; M. du Pouget accepta, trop heureux de se rencontrer plus souvent avec un supérieur dont il admirait le beau caractère. L'abbé Baudrand et le chanoine Godeau y installèrent également leur petit mobilier, ainsi que le chanoine Locart, connu par l'attachement qu'il portait à l'argent. L'un des premiers, il profita de l'occasion qui lui était offerte de ne pas payer de loyer : quant au chanoine Godeau, il flairait les dîners de l'évêché et s'imaginait qu'étant sur le terrain même, son couvert serait mis plus souvent à la table de M. de Boisdhyver ; mais il se trompait dans ses calculs, car les dîners de l'évêché ne tardèrent pas à passer en proverbe pour la frugalité et la simplicité de la desserte.

M. Commendeur serait venu volontiers s'installer au palais épiscopal, mais il refusa par les motifs qui avaient déterminé M. Godeau à accepter ; il craignait une nourriture trop substantielle et trop excitante pour ses intestins. Logé dans un petit appartement de la Vieille-Rue, il faisait faire expressément une cuisine particulière par une femme de ménage à laquelle il donnait sept francs par mois. Ce qu'il faisait souffrir à cette malheureuse créature serait trop long à détailler. Pris d'un malaise permanent, M. Commendeur s'imaginait que ses désordres gastriques provenaient de l'alimentation. La femme de ménage fut obligée de changer ses systèmes culinaires à chaque médecin nouveau que le chanoine consultait. Il passa de la sorte, au commencement de sa maladie, par les viandes rouges, pour les changer contre des viandes blanches; tout d'un coup il supprima la viande et se mit au régime des légumes et des fruits, puis il mit de côté les légumes et les fruits et entra résolûment dans la marée, qui le

brûla comme s'il eût mangé du phosphore;
enfin il arriva aux soupes exclusivement.
La femme de ménage fut obligée de s'instruire sur les différents potages gras et maigres, anciens et nouveaux; car M. Commendeur ayant pensé que nos aïeux étaient plus robustes que les gens d'aujourd'hui, s'imagina de faire de la cuisine rétrospective, sur la foi d'un vieux livre qui lui était tombé dans les mains. Enfin il se mit à la diète pour le plus grand repos de l'imagination de la femme de ménage, se livra aux sangsues, et n'ayant trouvé de contentement dans aucun de ces différents systèmes, il reprit un train de nourriture ordinaire; mais, avant que quelques viandes ou quelques légumes fussent livrés à la cuisson, M. Commendeur se les faisait ap-

porter dans sa chambre, et les étudiait avec une attention extrême. Les plus petites taches sur un fruit, un œuf manquant de transparence, certains filaments dans la viande crue, retombaient sur la tête de la femme de ménage, victime des intestins mal organisés de son maître.

En voyant la santé robuste du chanoine, il était permis de douter un peu de ses malaises intérieurs; mais il ne fallait pas lui trouver bonne mine le matin, et la femme de ménage était dressée à écouter le récit des souffrances du chanoine et à s'y apitoyer. Qui sait où aurait pu se porter la colère de M. Commendeur, s'il eût trouvé sa domestique doutant de ses maux!

S'étant condamné de la sorte à des régimes plus variables que la température, le chanoine préférait rester dans son modeste appartement.

Il n'y avait pas dans l'évêché de salle assez vaste pour contenir le musée de M. Aubertin, sans quoi il eût volontiers transporté ses silhouettes dans les bâtiments de la rue du Cloître; mais comme ses cadres s'augmentaient toujours, il ne trouva rien de mieux que de louer un bâtiment à foin qui avait fait partie jadis d'une ancienne église. Seules restaient intactes une sacristie assez grande et une partie du chœur. Ce fut là que l'abbé Aubertin alla loger, convertissant la sacristie en petit logement, et le chœur en musée, où vinrent s'étaler toutes ses pieuses découpures.

M. de Boisdhyver comprit ces raisons et reçut amicalement les remercîments des chanoines qui ne pouvaient profiter d'une hospitalité si généreusement offerte; mais le vicaire-général, M. Ordinaire, refusa net, sans donner de motifs; et son refus fut même tellement accentué, que l'évêque fut peiné de la lutte que voulait éterniser son grand-vicaire. M. de Boisdhyver croyait pouvoir ramener tous les esprits à lui par la douceur; c'était son rêve, son unique désir, et quoi qu'il fît, rien ne pouvait adoucir les lignes dures, hautaines et chagrines de la figure de M. Ordinaire. Au contraire, il semblait que plus l'un faisait

de concessions, plus l'autre se montrait
rogue; l'évêque s'avançait sans cesse le
rameau d'olivier à la main, et le vicaire-
général n'en secouait pas moins sa robe.
Craignant les fâcheux effets de la discorde
entre prêtres d'un rang élevé, et inquiet
de les voir se répandre dans le public,
M. de Boisdhyver souffrait de la situation
dans laquelle il se trouvait vis-à-vis de
M. Ordinaire; il repassait les moindres
actes qui s'étaient passés entre lui et le
vicaire depuis son arrivée à Bayeux, et
sauf l'affaire du curé Caneva, où ils s'é-
taient trouvés en dissidence, M. de Boisdhyver n'avait aucun reproche à se faire.
Toujours il était allé le cœur ouvert au
devant de M. Ordinaire, et toujours il avait
trouvé un cœur non-seulement fermé,

mais hérissé. Les natures bienveillantes et bonnes recèlent de cruels chagrins de se sentir repoussées par des esprits irascibles et se refusant à toute conciliation. C'est vouloir ouvrir sans instrument une serrure rouillée. On n'eût pas dit à l'évêque combien le vicaire-général conservait de rancune et de jalousie contre sa nomination, que la physionomie de M. Ordinaire ne pouvait cacher le désordre de sa bile, malgré une froideur apparente.

— M. Ordinaire était roux, nuance que les physiognomonistes s'accordent presque tous à présenter comme recouvrant des instincts méchants ; le sentiment populaire a apporté sa confirmation à ces ob-

servations, mais l'évêque croyait pouvoir,
à force de bonté, de bienveillance, corriger ces instincts auxquels il n'apportait
pas la croyance des médecins et du peuple. Jaloux de triompher d'un adversaire
difficile, de même qu'un avocat s'enthousiasme pour une cause impossible, M. de
Boisdhyver ne répondit jamais en ennemi
aux regards verdâtres et clignotants de
son grand-vicaire. Les yeux de M. Ordinaire étaient *bigles*, suivant un mot presque disparu de la langue, et l'évêque attribuait ce regard particulier plutôt à une
imperfection de la nature qu'à l'opinion
des physiognomonistes qui disent : « Tout
défaut physique se retrouve au moral.
Garde-toi de l'homme à l'œil bigle, son
cœur est bigle aussi. » Mais l'évêque n'ad-

mettait pas que la nature ayant donné certains travers physiques à l'homme, il ne fût pas possible de les corriger. Ayant visité les prisons, il rencontra des criminels endurcis dont il toucha le cœur, qui s'étaient repentis en versant des larmes. Certainement, il serait facile d'innocenter les criminels en disant : Ses instincts l'y poussaient, la forme de son cerveau le prouve, il ne pouvait faire autrement ; mais M. de Boisdhyver ne s'arrêtait pas à ces raisonnements.

La société change l'homme, l'éducation le transforme ; en veillant sur ses instincts mauvais, il est possible de les atténuer, de les affaiblir en les faisant combattre par les instincts supérieurs, et en donnant à ceux ci une telle force, qu'ils sont certains de vaincre les premiers.

M. de Boisdhyver résolut d'appeler à son aide les bons instincts du vicaire-général.

VI

Les demoiselles Loche.

A Bayeux, il est une comparaison qu'on ne manque jamais d'appliquer lorsqu'il s'agit de dévotion : on dit dévot comme les demoiselles Loche. Ce sont deux vieilles filles qui demeurent dans la rue du Chardonneret et dont la propriété a une apparence triste d'hôpital Jamais personne ne se montre à ces douze grandes et hautes fenêtres qui donnent sur la rue. Les volets sont constamment fermés, sauf ceux d'une petite fenêtre du rez-de-chaussée. A quel usage les demoiselles Loche emploient leur vaste maison, c'est ce que tout le monde se demandait dans Bayeux, et les faiseurs d'affaires, brocanteurs de propriétés, soupiraient de voir un si beau bâtiment dans l'abandon.

— Si j'étais les demoiselles Loche, disait-on, je voudrais au moins tirer douze cents livres de location de ma propriété.

Mais les demoiselles Loche n'entendaient

pas de cette oreille, et se souciaient peu de ce qu'on pensait et de ce qu'on disait d'elles dans la ville. Elles ne savaient même pas qu'on s'occupait d'elles au dehors, car toute leur vie était tournée vers l'église : elles faisaient partie du quartier du cloître, elles y étaient nées, elles voulaient y rester toujours. Élevées par des prêtres, pour ainsi dire (car de fondation la maison Loche ne reçut que des prêtres, et elles ne concevaient pas qu'il y eût d'autres hommes au monde), elles ne sortaient jamais dans la ville, n'avaient jamais voyagé et ne connaissaient que le chemin de la cathédrale, où elles allaient trois fois par jour, assister aux nones, vêpres, complies et saluts de tous les dimanches et fêtes de l'année, ainsi qu'aux offices du Sacré-Cœur, à ceux des Cinq-Plaies, à ceux de la commémoration de saint Paul, comme à la dévotion du saint Scapulaire, à celle de Notre-Dame auxiliatrice et à la dévotion, aux neuf saints des saints anges.

C'étaient deux petites vieilles dont le costume tenait de la sœur de charité. Elles étaient reconnaissables à deux paroissiens volumineux qu'elles portaient sous le bras pour se rendre aux offices, et ce qui les distinguait surtout était une énorme clé que l'aînée tenait à la main avec le respect de la clé du Paradis. Cette clé fort pesante fermait la porte de la maison, criait dans une énorme serrure rouillée, et, la porte fermée, les demoiselles Loche seraient parties pour un voyage autour du monde avec la persuasion que personne ne pouvait forcer leur serrure. Il y avait quelque chose de menaçant dans cette clé d'un lourd considérable qui, certainement, pouvait servir d'arme de défense très dangereuse ; d'un coup de cette clé, et d'un coup de paroissien, il semblait facile de terrasser aisément deux voleurs. Aussi les demoiselles Loche s'en allaient-elles aux offices pleines de confiance, même quand elles étaient suivies de leur vieille servante, mademoiselle Minoret, qui était depuis soixante ans dans la maison.

Le véritable évêché anciennement se tenait chez les demoiselles Loche, amies dévouées du vicaire-général, M. Ordinaire. Dans la vie privée, il les appelait *mes sœurs*, et elles ne lui parlaient qu'à la troisième personne et sans jamais l'appeler par son nom : « Monsieur le vicaire-général veut-il? Monsieur le vicaire-général accepterait-il? Monsieur le vicaire-général consentirait-il? » fait qui indiquait la puissante volonté de M. Ordinaire. Quoique sans cesse en rapport avec les deux sœurs, quoique leur confesseur, quoique mangeant à leur table, quoiqu'y passant une partie de ses soirées, M. Ordinaire n'avait pas perdu, aux yeux des deux sœurs, un rayon de son auréole. Il était regardé dans la maison comme un saint, et chacun de ses coups d'œil était étudié avec inquiétude, afin de lui éviter la fatigue de parler ou de donner un ordre.

M. Ordinaire avait beaucoup perdu de son prestige quand la nomination de M. de Boisdhyver fût connue, car dans tout Bayeux, depuis la maladie de l'évêque, chacun le regardait comme l'héritier certain du fauteuil épiscopal ; mais les demoiselles Loche ne virent dans cette nomination retardée, qu'un obstacle ajouté par la Providence pour faire ressortir plus vivement la grandeur de leur hôte ; peut-être éprouvèrent-elles un secret sentiment de contentement en apprenant que M. Ordinaire restait dans ses fonctions de vicaire-général. Qui sait ce qui pouvait arriver de sa nomination? Sa nouvelle position d'évêque l'empêchait de rester l'hôte assidu de la maison Loche, son nouveau grade lui prenait plus de temps, le forçait à d'autres relations; les sœurs pouvaient être sacrifiées. Aussi, à la nouvelle de l'arrivée de M. de Boisdhyver, elles cajolèrent le vicaire-général comme ces mères qui savent trouver des flatteries si douces pour leurs enfants qui se sont cogné le front contre un pavé et qui l'empêchent de pleurer.

Il y avait beaucoup de sécheresse dans l'enveloppe des demoiselles Loche, âgées, l'une de cinquante-sept ans, l'autre de soixante; mais, de même que les plus douces confitures se conservent mieux sous une garde de parchemin ridé, derrière la figure froide et jaune des deux sœurs, malgré leurs yeux froids et observateurs, malgré leurs lèvres serrées, le vicaire-général trouvait des trésors de chatteries, de douceurs, de paroles mielleuses dont il avait seul la jouissance. Un sentiment d'amour-propre dirigeait la conduite des demoiselles Loche, fières de l'amitié du vicaire-général. La conduite de M. Ordinaire avait été dessinée dans cette maison avec une inflexibilité qui dénotait sa force : pour lui, les vieilles filles n'étaient que des pécheresses qu'il fallait traiter rigoureusement, et s'asseoir à leur table était non pas un plaisir, mais une immense faveur qu'il leur témoignait.

Chacune des deux sœurs tenait un registre exact des moindres actions de la journée, heure par heure, et l'abbé Ordinaire ne manquait pas, en entrant dans la maison, de jeter un coup d'œil attentif sur ce registre, qui lui occasionnait force froncements de sourcils, car chaque action était arrivée à devenir une faute, un péché. Aussi les demoiselles Loche tremblaient-elles sérieusement quand le vicaire-général consultait les registres : s'il était mécontent, il sortait sans dire un mot et ne reparaissait pas de la soirée, alors les deux sœurs se prenaient de querelle, l'une accusant l'autre d'avoir mécontenté leur directeur spirituel.

— Mon Dieu, Eudoxie, voyez ce que vous avez encore fait aujourd'hui, disait l'aînée ; M. le vicaire-général a paru consterné de votre conduite.

— Ma sœur Irénée, croyez que c'est votre cahier qui l'a fâché, je l'ai bien regardé pendant qu'il lisait, et il m'a semblé que la douleur se peignait sur son visage au milieu du rapport de votre journée.

— Est-il possible, Eudoxie, de joindre encore le mensonge à la faute... Mon cahier est plein de péchés, jamais je n'en avais tant observés.

— Précisément, ma sœur.

— Eh bien, c'est ce qui vous trompe; M. le vicaire-général me faisait entendre dernièrement que plus on se reconnaît de péchés, plus on devient meilleur, parce que celui qui ne connaît pas ses devoirs religieux ne se sent pas en faute... C'est bien vous, Eudoxie, qu'il veut punir ; par votre faute, je suis privée de la présence de M. le vicaire-général.

— Si je n'ai pas péché, je ne dois pas en inventer.

— Vous croyez n'avoir pas péché une fois dans la journée... Ah ! ma sœur, vous ne comprenez pas, vous ne vous étudiez pas assez à fond... les anachorètes eux-mêmes dans le désert s'accusaient de fautes perpétuelles.

Sauf quelques rares exceptions, la conversation des demoiselles Loche roulait presque exclusivement sur ces matières qui engendraient de longues discussions : elles passaient une partie de la journée à se gratter l'intérieur, comme des ramoneurs dans une cheminée, pour enlever leurs fautes, à leurs yeux aussi noires que la suie. Le cahier de péchés des demoiselles Loche était cité dans la ville comme le modèle le plus parfait de l'excellente catholique, et il se passa à ce sujet une histoire qu'on raconta longtemps pour le plaisir des sceptiques.

Madame Périchon, une des dames de la haute bourgeoisie qui donne le ton à Bayeux, entreprit de lier commerce d'amitié avec les demoiselles Loche. Madame Périchon, jalouse de la réputation de piété des deux sœurs et de l'affection que leur portait le vicaire-général, finit par s'introduire dans les bonnes grâces des vieilles filles à force de prévenances, de compliments et de petits cadeaux. Madame Périchon comprenait qu'il y avait un mystère au fond de la vie des demoiselles Loche, et elle brûlait d'arriver à le connaître; mais elle perdit un temps considérable à étudier le mystère qui n'existait pas. Que pouvait-on cacher dans cette maison froide, propre et sèche? C'était la vie des vieilles filles qu'il fallait étudier de près, en la prenant à diverses heures du jour, en commentant l'emploi de leur journée, et la vie des demoiselles Loche n'était guère mystérieuse. La plus grande partie se passait à l'église en pieux exercices, et en dedans en pieuses méditations. Madame Périchon aurait voulu enlever le vicaire général « à ces demoiselles. » Quel honneur pour elle dans la ville, et comme son salon eût été relevé de la présence d'un pareil hôte ! Car si les demoiselles Loche étaient citées dans toutes les bonnes familles de Bayeux, n'était-ce pas par l'auréole que dessinait au-dessus de leurs petits bonnets blancs la présence de M. Ordinaire dans leur particulier.

Ces sortes d'inquiétudes, qui arrivent

quelquefois à dépasser celles de l'amour, prennent des proportions considérables dans les existences tranquilles : tout autour des prêtres se jouent mille drames tissés avec l'habileté d'une toile d'araignée et dont les moyens sont aussi faibles que les fils. La robe noire a un attrait particulier pour certaines personnes, comme le plumet d'un militaire pour les jeunes filles. De même qu'il existe en province des rivalités profondes quand il s'agit de loger le colonel d'un régiment en passage, de même l'honneur d'avoir en pension chez soi un chanoine, peut se comprendre. Madame Périchon rêvait de posséder M. Ordinaire ; son dédain, ses lèvres pincées, son teint blême, ses cheveux roux l'enthousiasmaient. Elle le trouvait *digne,* et plus les difficultés lui semblaient grandes d'enlever le vicaire-général aux demoiselles Loche, plus son désir s'augmentait. Le mari lui-même, qui ne voyait que par les yeux de sa femme, attendait avec impatience le moment où il aurait le bonheur d'avoir M. Ordinaire en pension chez lui. Quelquefois les deux époux passaient deux heures, avant de s'endormir, à parler de M. Ordinaire ; mais ces beaux rêves noircissaient à peine allumés, et s'éteignaient plus vite qu'une pièce de feu d'artifice tombant dans la rivière.

Le siége du vicaire-général était d'une difficulté extrême. Madame Périchon, en pénétrant chez ses ennemis, croyait avoir fait un grand pas ; mais s'étant approchée du trésor, elle comprit combien il était difficile de s'en emparer. M. Ordinaire appartenait trop aux demoiselles Loche pour qu'on pût l'enlever ainsi en un coup de main. Les deux sœurs, prudentes à l'excès, ne permettaient pas qu'on approchât de trop près leur cher vicaire; à la moindre tentative de séduction, elles eussent fermé leur porte pour toujours à madame Périchon. Aussi celle-ci devait-elle employer des moyens si fins, que M. Ordinaire ne pût s'en douter. Au premier abord, il semblait facile à madame Périchon de se mettre en rapport avec le vicaire-général hors de la maison des demoiselles Loche; mais le vicaire-général allait rarement en soirée, on ne le rencontrait qu'à intervalles irréguliers à l'église, son temps étant pris à l'archevêché. M. Périchon, dans sa simplicité, disait à sa femme : « Ne pourrait-on faire savoir à M. Ordinaire que chez nous il serait mieux traité, mieux nourri, mieux logé ? »

— Tu en parles aisément, Périchon, il ne s'agit pas seulement d'ajouter deux plats de plus au dîner de M. Ordinaire, ni de lui offrir un appartement convenable; nous ne réussirons pas. Il y a quelque chose qui m'échappe et qui fait que M. le vicaire-général est lié à ces demoiselles. Et je le saurai, pourvu toutefois qu'elles ne se doutent de rien. Elles me font des cachotteries : déjà je les ai vues changer de voix et de couleur la dernière fois que je suis entrée un peu vivement sans frapper à la porte.

A force de soins, madame Périchon, en sortant de la messe, parvint à entraîner les demoiselles Loche chez elle, et elle leur fit parcourir sa maison comme dans un but de simple curiosité. Une semaine après, à l'heure du dîner, madame Périchon se rendit à la maison du Cloître, au moment où elle supposait que M. Ordinaire était à table avec les deux sœurs. Sa petite combinaison réussit, les demoiselles Loche n'aperçurent rien d'extraordinaire dans cette visite. L'entretien n'en fut ni plus spirituel ni plus animé; le vicaire-général avait l'habitude de laisser aller la langue des deux sœurs, et il répondait, soit par un sourire de dédain, soit par un petit haussement d'épaules qui montraient assez quelle pitié il avait pour ces sortes de propos. Madame Périchon lança son premier trait.

— Mon petit salon, mesdemoiselles, ne vous semble-t-il pas une idée plus grand que le vôtre?

— Je n'ai pas bien remarqué, dit l'aînée des Loche.

— Je me trompe peut-être, reprit hypocritement madame Périchon, le vôtre a l'air plus petit, et il n'est pas petit... Ce n'est pas que mon petit salon soit bien grand ; si vos rideaux n'alourdissaient pas un peu l'appartement, mesdemoiselles, votre salon gagnerait en grandeur... Après ça, pour vous qui menez une existence si tranquille, vous avez toujours un salon assez grand... mais je crois que je ne pourrais pas faire tenir tout mon monde dans votre salon... décidément, mon salon est plus grand... oui, vous devez vous rappeler, mesdemoiselles, qu'il y a un grand guéridon en acajou au milieu, vous savez, le guéridon sur lequel est mon service à thé, qui provient de grand'maman ; vous l'avez connue, ma pauvre grand'maman, mesdemoiselles... Je me rappelle même qu'elle me vantait dans mon enfance la piété des demoiselles Loche... Ce que c'est, je ne pensais guère alors que j'accomplirais tous mes devoirs religieux avec zèle, et que j'épouserais M. Périchon... Pour en revenir à ce grand guéridon, ça emplit l'appartement, quoique ça n'ait l'air de rien... Les guéridons mangent beaucoup, beaucoup de place... Mettez ici un guéridon, mesdemoiselles, et vous ne pourrez plus vous retourner... C'est ce qui prouve que mon salon est plus grand d'un quart au moins que le vôtre... Eh bien! le soir, quand la table de jeu est mise et sans déranger le guéridon, nous avons encore de la place... Ah! mesdemoiselles, que M. Bailly serait heureux de vous voir à une petite de nos soirées, et tous ces messieurs également... Nous avons d'abord à jouer avec M. Bailly, M. Crimotel, de l'administratiou des tabacs... Vous ne connaissez peut-être pas M. Crimotel, sa dame porte de grandes anglaises.. elle est de ce pays-là, vous la voyez à l'église seulement les jours de grande fête avec la petite Crimotel, en chapeau de peluche rose... M. Le Canus vient aussi et fait sa petite partie avec M. Bailly, c'est un homme très gai... Il tourmente un peu cette pauvre madame Crimotel sur l'Angleterre, mais pas méchamment, car il sait bien que ce n'est pas de la faute de madame Crimotel si elle est née en pays étranger... la table à ouvrage, la table de jeu, le guéridon, ça nous fait donc trois tables dans le salon, et cependant on se retourne, on marche, et personne n'est gêné... Certainement mon salon est beaucoup plus grand que le vôtre, mesdemoiselles.

La seconde des demoiselles Loche ayant

fait une certaine grimace à la suite de cette comparaison :

— Mais le vôtre est plus coquet, plus bonbonnière, ajouta madame Périchon ; je ne sais pas, mais on y est plus à l'aise, plus chaudement peut-être, quoique le mien ne soit pas froid, car M. Bailly, avec ses rhumatismes, n'y mettrait pas les pieds... On voit des endroits spacieux qui cependant bien clos, ne laissent pas arriver le froid : Périchon non plus n'aime pas le froid, quoique fort il est délicat, et c'est lui qui tamponne les fenêtres ; si vous vouliez, mesdemoiselles, accepter quelques aunes de tampons que Périchon a faits de trop, je vous les enverrai demain... Vous avez là, derrière M. le vicaire-général, une fenêtre qui a besoin d'être tamponnée... Les personnes qui vivent dans les églises ont besoin de beaucoup de ménagements, dit madame Périchon en envoyant un regard dans la direction de M. Ordinaire ; mais le vicaire-général, fatigué de ce déluge de paroles, avait depuis longtemps baissé la tête et n'écoutait plus.

Telles furent les premières manœuvres employées avec un art diabolique par madame Périchon, manœuvres sur lesquelles l'historien ne saurait trop insister, car elles forment la base de la vie sociale en province. Cette comparaison des deux salons, ces guéridons, ces tables de jeu, ces bavardages semblent plus frivoles qu'un grain de sable ; mais répétés chaque jour, ils s'agglomèrent les uns aux autres, et finissent par faire des montagnes. Madame Périchon employait naïvement l'arme de l'analogie, en tirait peut-être plus de parti qu'un rhéteur rompu aux déductions. A force d'entendre ces sortes de comparaisons qui tournaient au détriment de la maison Loche, il était évident que M. Ordinaire finirait par comprendre qu'il se trouvait à Bayeux un endroit où on ne demandait qu'à le recevoir comme un pape, une société qu'il ne trouvait pas chez les demoiselles Loche, une table mieux servie, plus d'égards, plus de complaisances, plus de soins, plus de coton dans le nid que madame Périchon lui offrait. Mais quelque adresse que la rivale des demoiselles Loche déployât dans cette lutte, toutes les offres, toutes les calineries devaient passer sous le nez des deux sœurs avant d'être offertes au vicaire-général ; et il fallait que les Loche ne pussent rien comprendre au langage détourné adressé à M. Ordinaire. On a vu des fuites de prison extraordinaires : des prisonniers se laissant glisser de murs très élevés à cinq pas d'une sentinelle en observation. Telle était la situation de madame Périchon, obligée d'offrir sans cesse des gâteaux miellés aux deux argus femelles qui veillaient sur leur vicaire-général. Par la nature de son langage perfide, tendant à rabaisser la maison Loche, madame Périchon devait immédiatement employer un correctif à l'usage des deux sœurs qui, entortillées dans les compliments et les louanges, oubliaient que la phrase précédente était un poison et que le contre-poison était inutile.

Qui sait si M. Ordinaire n'eût pas été enlevé par les Périchon à la suite d'une victoire définitive sur les Loche? Mais madame Périchon commit une imprudence qui éclaira ses adversaires et qui la ruina à jamais dans leur estime. Entre autres choses qui prenaient racine dans l'esprit de madame Périchon, la plus inéclairée était l'attachement que M. Ordinaire conservait pour la maison Loche, attachement prouvé par le long séjour du vicaire-général, et qui ne concordait cependant pas avec l'intelligence des deux sœurs : madame Périchon, courbée sous le joug de l'habitude, omettait justement de se rendre compte de l'habitude, la seule raison valable dans ce cas. Sans doute M. Ordinaire, avec son orgueil de géant et ses rêves charriant la bile, n'était pas un de ces hommes qui sont garrottés pour la vie par l'amour d'un petit coin. S'il rêvait constamment la mître épiscopale sur sa tête; si le matin, en se regardant devant la glace verdâtre à biseaux encadrée dans un maigre cadre peint en gris, sa vue hallucinée par l'ambition lui montrait la coiffure d'or de pontife suspendue au-dessus de sa tête. M. Ordinaire était loin de borner son horizon à la maison Loche : mais s'y trouvant à peu près bien, de là seulement il voulait faire un saut à l'évêché, et les transitions par des maisons de meilleure compagnie, par des salons un peu moins bourgeois, lui semblaient sans importance. C'était ce qui échappait à madame Périchon, qui se creusait le cerveau à en faire sortir des raisons filles de Minerve.

La dévotion des demoiselles Loche étant célèbre dans Bayeux, madame Périchon entreprit de l'outrepasser, car elle jugeait que le vicaire-général ne pouvait entrer que dans une maison célèbre par sa piété. M. Périchon, qui n'avait rien à faire, ne bougea plus de l'église, d'après les avis de sa femme; et quoiqu'il fût d'un naturel borné, ce fut lui qui découvrit les cahiers de confession qui faisaient la gloire des demoiselles Loche. Ayant rencontré un jour Irénée Loche qui sortait de l'église d'un air triomphant, le mari l'aborda; lui fit des compliments sur le rayonnement inscrit sur sa physionomie.

— Je suis bien heureuse, en effet, dit Irénée, la plus naïve des deux sœurs. M. Ordinaire a goûté seulement aujourd'hui ma confession, et j'en suis redevable à Udoxie; elle me prête son cahier, je copie ses péchés, elle les revoit, les corrige, en ajoute au besoin; au moins j'ai quelque chose à dire à M. le vicaire-général, parce qu'avant je n'avais pas encore ouvert la bouche que j'avais fini, ce n'était pas la peine de se confesser; au moins maintenant j'intéresse M. Ordinaire.

M. Périchon ne fit qu'un saut de l'église à sa rue.

— Ma femme, dit-il en entrant, les demoiselles Loche ont un cahier de confession ; tout est expliqué...

Madame Périchon se fit expliquer longuement la conversation d'Irénée et entra dans les idées de son mari. Certainement les deux sœurs avaient trouvé le moyen d'intéresser le vicaire-général, car la cadette avait dit *intéressé*. Mais quel était ce cahier de confession et que contenait-il de si particulier ? C'est ce que se proposa de connaître le soir même madame Périchon. En effet, elle en toucha quelques mots adroits aux demoiselles Roche ; mais celles-ci firent mine de ne pas comprendre : au renversement subit de la conversation, il fut démontré à madame Périchon que les sœurs tenaient à ce cahier comme un avare à son or, et n'étaient pas disposées à le communiquer ; mais, sur le point d'arriver à un résultat, tourmentée, inquiète, ne calculant pas les conséquences de son action, madame Périchon, qui avait remarqué dans la corbeille à ouvrage d'Irénée un certain petit cahier à couverture particulière, prit son temps, et, profitant d'un moment où les sœurs mettaient en ordre l'appartement, elle fourra audacieusement le mystérieux cahier dans sa poche. Ce fut une joie plus vive pour les époux Périchon que s'ils avaient trouvé un portefeuille plein de billets de Banque ; conçu d'après les plans d'Eudoxie Loche, la plus forte tête des deux sœurs, ce cahier de confession était réellement un petit chef-d'œuvre d'observation de soi-même. La liste des péchés véniels était considérable ; tout devenait prétexte à péché véniel, et il était impossible qu'avec un pareil memento on ne se présentât au tribunal de la pénitence, y allât on tous les jours, avec une bonne provision de pardons à demander. C'était un dictionnaire divisé par époques, car il y avait nombre de péchés véniels suivant les saisons, et madame Périchon ne passa pas moins de huit jours à l'étudier et à le copier ; mais déjà l'alarme était répandue chez les Loche. Toute fine que fût madame Périchon, le tour qu'elle avait donné à la conversation en parlant du cahier de péchés, revint à la mémoire d'Eudoxie : elle entra pleine de colère chez les Périchon, traita la femme plus mal que si elle eût dérobé un trésor, et madame Périchon, confondue, ne put faire autrement que d'avouer son vol innocent. Ce fut ainsi que se terminèrent les relations des dames, et que M. Ordinaire échappa aux tentatives d'enlèvement projetées par les Périchonr.

VII

La Fête-Dieu.

L'époque de la Fête-Dieu était arrivée, M. de Boisdhyver voulut donner à cette solennité toutes les pompes ecclésiastiques ; d'après la connaissance des préparatifs qu'on faisait à l'évêché, chaque habitant essaya de contribuer de son mieux à la fête qui se préparait. Chez madame Le Pelletier, Suzanne et les jeunes filles du quartier travaillèrent pendant huit jours à faire des guirlandes de fleurs et des enjolivements pour le reposoir de la rue. Les garçons des environs avaient été mis en réquisition pour enlever dans les champs les coquelicots, bluets et autres fleurs de la saison.

Toute la ville était en déroute, pas une maison qui ne fut remplie de feuillage, d'herbe et de lierre. On eût dit une fête du printemps dans les temps mythologiques. De petites comédies se jouaient à l'occasion de ces reposoirs, car chaque quartier, élevant un reposoir, avait la prétention d'éclipser l'architecture voisine : les dames ne trouvaient rien d'assez riche pour orner les reposoirs. D'après ce qui se passait chez madame Le Pelletier et qui se répétait ailleurs, on pourra juger quelle importance prenait cette fête.

Dans chaque quartier composé de sept à huit rues, les dames se réunissaient et nommaient celles qui paraissaient les plus dignes pour les représenter : c'était une sorte de conseil municipal féminin ayant pour mission de se charger entièrement de la construction du reposoir. A leur tour, les dames élues nommaient une directrice absolue de l'édifice. Celle qui y prenait le plus de part, qui donnait tous ses soins, qui supportait l'éloge ou le blâme, suivant le *succès* du reposoir. Une telle place était bien enviée! La nomination à ce grade amenait des intrigues aussi compliquées que pour l'élection d'un député, car le reposoir prenait ordinairement le nom de la présidente, et celle-ci recueillait ainsi des hommages et des flatteries fort enviés ; c'étaient aussi des conférences avec les dignitaires civils et religieux, et les dames de Bayeux briguaient cette faveur d'autant plus que la présence du nouvel évêque y ajoutait plus d'intérêt.

Madame Le Pelletier fut nommée directrice du reposoir sans le désirer. C'était la huitième fois qu'elle recevait cette marque d'estime des dames de son quartier, et elle eût volontiers abandonné ce grade honorable en faveur de voisines qui en brûlaient d'envie. Mais sa grande douceur de caractère, son exquise politesse, sa vie simple et retirée, ses goûts modestes, sa charité, forçaient même les esprits jaloux à s'incliner devant elle. Jamais élection n'obtint un suffrage si universel, un contentement plus unanime. Tout n'était pas agrément dans ces grandeurs : il fallait déjà une certaine imagination pour varier les formes architecturales du reposoir et ne pas le montrer semblable à celui de l'année précédente ; les fleurs, les tentures et les ornements ne suffisaient pas d'ailleurs : les tapissiers et les menuisiers y avaient une certaine part, car tout un système de charpente servait de squelette à l'édifice, et c'était seulement après avoir rêvé longuement à une décoration nouvelle, que madame Le Pelletier entrait en conférence avec les menuisiers, peu disposés, par leur intelligence, à entrer dans ses idées.

Feu le président Le Pelletier avait réuni de son vivant une collection de faïences de Rouen, remarquables par leur ornementation. La vue fréquente de cette collection, qui fut vendue à la mort du président, l'enthousiasme savant que M. Le Pelletier mettait à analyser les ornements courant autour de ses faïences, un certain goût que

la veuve avait naturellement, lui rendaient
la construction du reposoir moins difficile
qu'à toute autre ; aussi ne consultait-elle
que pour la forme les dames que l'élection
lui avait adjointes, tout ce qu'elle proposait étant approuvé par suite de l'empire
que sa supériorité lui avait acquise. La
coutume était d'aller dans toutes les maisons aisées du quartier et de solliciter
quelques prêts pour le reposoir, des draperies, des caisses de fleurs naturelles et
nombre d'autres objets disparates qu'on
ne remarquait que trop dans les reposoirs
voisins, et la veuve avait coutume de n'employer que des feuillages et des fleurs; seulement, la tête pleine des faïences qu'elle
avait eues longtemps sous la vue, elle dessinait d'ingénieux ornements de fleurs sur

le papier, et elle savait en assortir les couleurs comme un peintre. Alors, réunies sous sa direction, les jeunes filles du quartier exécutaient à l'aiguille ce qu'elle avait conçu sur le papier ; les charpentes une fois posées, de grand matin, à quatre heures, le jour de la Fête-Dieu, madame Le Pelletier, entourée d'ouvriers, ne quittait plus la rue; elle faisait poser devant elle les capricieux ornements sortis de son imagination.

Ce jour-là, dès l'aube, la ville de Bayeux était en révolution : faire la toilette des maisons et de ceux et celles qui sont dedans n'est pas une petite affaire. On ne voyait qu'allants et venants, petits garçons, petites filles déjà heureux, rien que du remue-ménage ; tous les ouvriers en réquisition, maçons, charpentiers, menuisiers, serruriers, manouvriers ; il n'y avait pas assez de bras pour laver les rues, nettoyer les façades, accrocher des tapisseries, des rideaux blancs, faire des bouquets, voiturer du sable, effeuiller des fleurs et travailler aux dix reposoirs, jaloux de briller les uns aux dépens des autres. Ces préparatifs devaient être faits en un clin-d'œil, car chacun voulait aller à la messe, suivre la procession et visiter ainsi les reposoirs l'un après l'autre, en faisant le tour de la ville. La majeure partie des ouvriers appartient au corps des pompiers qui accompagne la procession : il n'y avait pas une heure à perdre ; aussi était ce réellement un spectacle animé comme celui d'una fourmilière. Chacun courait : la où tout à l'heure il n'y avait pas d'arbres, on voyait une petite forêt s'élever, à l'aide de grands branchages fichés entre les pavés : la ville changeait d'aspect en un clin-d'œil. A la place des vieilles façades noires, étaient de beaux rideaux blancs accrochés du premier étage et flottant jusqu'en bas; ceux qui n'avaient pas de rideaux se servaient de nappes, mettaient des serviettes; les plus pauvres décoraient leur maison de torchons reliés les uns aux autres par des épingles. La ville se faisait blanche ; et sur cette blancheur étaient accrochés de gros bouquets de roses, ou des guirlandes de lierre, ou de simples fleurs des champs. Toutes les rues étaient sablées de sable jauné, il n'y avait plus trace de ruisseaux; sur le sable se détachaient des feuilles vertes, des coquelicots rouges et des bluets bleus.

Quoique la nature prenne rarement part aux solennités des hommes, il était rare qu'à cette époque la pluie vînt contrarier la Fête-Dieu ; si le soleil venait à se mettre de la fête, l'aspect de cette petite ville parée comme une fiancée, un jour de noces, donnait un bonheur momentané à ceux qui souffraient de corps et d'esprit ; mais toutes ces pompes extérieures n'étaient rien en comparaison des pompes religieuses. Le clergé mettait ses habits brodés ; la pourpre des vêtements était plus rouge, l'encens plus odorant, l'orgue plus majestueux, le clérgé plus nombreux : ceux qui ont assisté à de telles fêtes dans leur jeunesse en seront toujours touchés et ne les oublieront jamais, quelque tournure religieuse qu'ils adoptent à l'âge mûr.

Cyprien avait été désigné par M. de Boisdhyver comme maître de cérémonie pendant la procession : un petit livre de bois à la main, il fut placé à la tête des enfants de chœur, qu'il dressa pour cette cérémonie à chanter des hymnes en musique. La procession était ainsi distribuée : en avant du cortége, les tambours des pompiers avec leurs casques de cuivre reluisant et leurs plumets rouges se détachant sur la crinière de crin noir recourbée. Derrière les tambours, un groupe de six enfants de chœur portant des encensoirs d'or et lançant la fumée dans la direction du ciel, à chaque pause que faisait le cortége. Immédiatement après venaient six autres enfants de chœur portant de grandes mannes tendues de soie blanche, garnies de rubans bleu-ciel à franges d'argent ; ces mannes étaient remplies de feuilles de roses que les enfants de chœur jetaient en l'air en chantant des cantiques, pendant que leurs camarades brûlaient l'encens. Les pompiers faisaient la haie, pressée par un flot de spectateurs devançant la procession ; parallèlement à la haie des pompiers, toutes les jeunes filles de Bayeux, habillées de blanc, voilées, marchaient en tenant un cierge.

Ensuite venait seul un petit enfant de chœur tout habillé de noir, perdu dans un immense camail jusqu'à mi-corps et précédant le cortége en portant un aspersoir en or. La conscience que l'enfant rose, avec ses cheveux rasés, avait de sa mission importante, l'orgueil qui l'enveloppait d'être seul en avant du cortége, faisait contraste avec l'espiéglerie malicieuse de sa figure et le sourire mal contenu de l'amour-propre qui se dessinait sur ses lèvres pures. Hors de l'église, cet enfant de chœur était peut être un franc polisson, poursuivant les chats, cassant les sonnettes, se prenant aux cheveux avec ses camarades ; mais son habit lui donnait tout à coup une haute estime de lui-même, il se redressait dans sa petite taille, semblait intimidé et fier en même temps de sa dignité. Derrière lui marchaient sur deux rangs les prêtres de la cathédrale et des autres paroisses de Bayeux, dans le costume de simples desservants, en camail noir tranchant sur le surplis blanc ; mais ceux qui précédaient la croix avaient de lourdes chappes en or gauffré formant des angles carrés aux épaules.

Si le groupe de prêtres entourant le porteur de croix attirait les yeux par le brillant des dorures et la splendeur des chappes, l'admiration était plus vivement réveillée encore par le dais sous lequel marchait l'évêque, entouré de ses vicaires-généraux et du curé de la cathédrale. Le velours, la soie, l'or, les bannières, les fleurs, l'encens, la musique, se combinaient pour la plus grande fête des yeux. Le catholicisme laisse bien loin toutes les autres religions par l'art avec lequel il parle aux yeux, aux oreilles... Celui qui veut voir le même jour une solennité religieuse à la magnifique cathédrale de Strasbourg, et visiter dans l'église de Bâle la salle où se tenaient les assemblées protestantes qui remuèrent un moment l'Europe, pourra se convaincre pourquoi le protestantisme, avec sa froide raison, son analyse sèche, n'a jamais pu enlever au catholicisme qu'un très petit nombre de partisans. La faible humanité voudra échapper toujours par instant aux misères et aux arides réalités de la vie. Les beaux spectacles de la religion catholique frappent les masses, leur caressent la vue, les enivrent en leur montrant des vieillards vénérables priant, des enfants et des jeunes filles chantant, de suaves parfums, des concerts s'échappant du plus puissant et du plus majestueux des instruments. Comment une population n'eût-elle pas été touchée à la vue de M. de Boisdhyver portant le Saint-Sacrement et bénissant le peuple qui se pressait sur son passage? Si le prêtre est rehaussé par l'appareil de ce pompeux spectacle, il peut aussi le rehausser lui-même suivant la sympathie qu'il inspire, sa physionomie majestueuse et l'air de dignité empreinte sur ses traits. M. de Boisdhyver n'avait pas besoin de la mitre, de la crosse, pour inspirer le respect. En bénissant, sa main semblait appeler à lui tous les fidèles, et les plus endurcis n'auraient pu résister à ces regards.

M. Ordinaire était un de ces prêtres qui ont besoin d'imposer par le costume et l'entourage. Le dais de velours rouge avec ses aigrettes triomphantes, le valet portant la queue, le *Lucifer* porteur de lumière lui eussent été utiles ; car, indépendamment de sa physionomie verte et amère, on sentait que des passions trop terrestres s'agitaient en lui. N'est-ce pas pour faire disparaître ces nuances qui ont pu appartenir à quelques prêtres, que le catholicisme a inventé ce pompeux cérémonial, afin de recouvrir ce que le dignitaire montre de trop humain?

Depuis la sortie de l'église, les cloches sonnaient à toute volée, remplissant les airs de leurs sonneries éclatantes ; le soleil commençait à paraître et illuminait les belles et précieuses tapisseries du dix-septième siècle, tendues le long du quartier du Cloître. De l'évêché au marché, c'était une galerie de tableaux sacrés et profanes tracés à l'aiguille sur étoffes par d'habiles ouvriers, inspirés par les meilleurs cartons de l'Italie et des Flandres... Ce quartier triste, abandonné à l'ordinaire, quoique rempli par la procession, n'avait pu perdre tout à fait son ancienne physionomie : les tapisseries contribuaient certainement à son aspect sévère. Les couleurs vives étant passées et remplacées par un ton général entre le vert et le jaune, portaient une harmonie grave et sévère qui était loin de la gaîté des maisons tendues de draps blancs et de bouquets de roses. En effet, tout le quartier du Cloître, habité par de petits nobles et d'anciennes familles qui s'éteignaient, était le seul décoré par ces grandes tapisseries, précieuses reliques dont on ne se servait qu'à la Fête-Dieu. Ce jour-là seulement, la ville de Bayeux pouvait connaître si les rangs des anciennes familles s'étaient éclaircis pendant l'année, car on ne les voyait guère dans la ville qu'à la procession. Chaque famille avait sa chapelle à la cathédrale, ou son banc particulier autour du chœur. Il y a dans les églises de province un fait particulier : l'église semble partagée en deux quartiers, et l'aristocratie a toujours avoisiné le chœur, laissant la nef au reste des fidèles. Aussi, sortant par la porte nord du transept et communiquant avec les hôtels du cloître, l'aristocratie de Bayeux ne peut se rencontrer avec les autres fidèles qui sortent de la messe par le portail de la façade principale. Quand on avait admiré les brillants costumes des prêtres entourant l'évêque, quand on avait suivi chaque groupe entourant les porteurs de bannières, quand les jeunes filles de la congrégation de la Sainte-Vierge avaient défilé après le passage des marguilliers et des zélés serviteurs de l'Église, la curiosité tout entière se portait sur les nobles du quartier du Cloître suivant la procession. C'étaient de vieux chevaliers de Saint-Louis, expiant, par la goutte et les rhumatismes, la légèreté de leur vie passée; de petites vieilles à bouches rentrantes, dont le nez cherchait à connaître la forme du menton ; des dames raides et sèches, de contenance altière, à l'allure dévotieuse et compassée, ou de beaux vieillards à cheveux blancs, le dos voûté et retrouvant encore au fond de leur épine dorsale un reste de dignité. Les décorations des hommes, les costumes des dames, formaient un singulier contraste avec ceux des bourgeois et des marchands de Bayeux. Ceux qui suivaient le défilé de la procession se nommaient les nobles les uns aux autres, et les titres de marquis, de comtesse, de chevalier, circulaient de bouche en bouche, étonnant les habitants, qui, les croyant morts, les retrouvaient, à un an de distance, aussi vivaces que par le passé. Cette caste suivant la procession prêtait à nombre de questions et de pronostics ; des tables de mortalité étaient dressées pour les nobles à la vie si dure.

— Comment! disait-on, M. le marquis n'est pas mort?

— Je ne lui donne pas six mois à marcher.

L'étonnement redoublait quand on voyait ingambes des vieillards qu'on savait chevillés sur leurs fauteuils depuis longtemps par l'âge et les maladies; mais les habitants du quartier du Cloître, au risque d'abréger leur vie de quelques mois, n'auraient pas voulu manquer à la procession de la Fête-Dieu : c'était une fatuité pour eux, une sorte de dandysme que de braver les outrages des années et de paraître encore marcher droit, fût-ce appuyé sur le bras d'un valet ou d'une gouvernante. Les douillettes de soie de couleur n'étaient pas épargnées à ce cortége, mais il fallait le dernier degré de la décrépitude pour oser l'endosser, quoique ceux en apparence robustes qui offraient aux intempéries de l'air un mollet couvert d'un bas de soie noire, eussent recours à des pièces de flanelle enroulées autour du corps sous les habits. Ce jour là, les nobles qui se servaient habituellement de béquilles ou d'une haute canne, la quittaient pour le bras de leurs domestiques, et ceux moins impotents qui se promenaient encore soutenus par un valet, tenaient à honneur de paraître à la cérémonie sans tuteur.

Cette vieille race qui allait disparaître tranquillement sans connaître la France nouvelle et bourgeoise de 1830, cette race ridée conservait encore une allure particulière, des airs de grandeur et de politesse, des manières exquises et des soins de costume si remarquables chez les vieillards, qu'elle frappait l'imagination de ceux qui ont pu voir la fin de la Restauration et le nouveau gouvernement de Juillet. Il se passa là un fait analogue au gouvernement impérial au retour des émigrés : ces hommes étaient les derniers servants de la monarchie, et la bourgeoisie, qu'un caricaturiste a figurée sous les traits d'une poire gonflée d'écus, a peut-être été gravée pour toujours par ce crayon ironique : jamais l'industrie et la banque n'arriveront à cette médaille un peu effacée de la noblesse, aux traits délicats et distingués qu'on retrouvait encore sur le masque des vieux nobles suivant à quatre-vingts ans la procession de la Fête-Dieu. Ce qui les faisait le plus souffrir était de se mettre à genoux quand la procession s'arrêtait; aussi l'espace entre les derniers porteurs de bannières et le public était-il assez large, car une fois à genoux, la noblesse ne pouvait plus se relever. Il fallait les efforts des valets et des gouvernantes pour remettre sur pied les vieux chevaliers et les vieilles comtesses.

La procession arriva ainsi sur la place du Marché, où un premier reposoir obtint un grand succès. Les marchands avaient profité de la grille ouvragée d'un puits public pour y placer leur tabernacle. Du papier doré avait été adapté avec soin sur les sculptures de cette grille, et en faisait une rivale du fameux puits de Quintin Metsys, à Anvers. Tous les enfants du voisinage, de quatre à cinq ans, avaient été mis en réquisition, et des plus jolis on avait fait des anges roses et bouffis qui, agenouillés, s'échelonnaient du milieu de la place jusqu'aux dernières marches de l'autel. Habillés simplement de robes blanches, le cou, la poitrine, les bras et les jambes nus, ces enfants lâchèrent, au moment de la bénédiction, des colombes blanches qui voltigèrent au-dessus de l'autel et prirent leur vol en tournoyant vers les nuages. Dans le quartier, on avait habitude de symboliser la solennité par une représentation de la Passion, attendue vivement chaque année par les curieux; mais il était arrivé un petit désastre, un an auparavant, qui empêcha de donner suite à ces symboles. Celui qui faisait le démon et qui planait, en essayant de tenter le Seigneur, causa un ravage véritablement démoniaque en tombant tout à coup, du haut du reposoir où il était grimpé, dans les branchages d'un arbre mal planté. Le trouble qu'apporta une telle chute, les moqueries dont fut couvert le démon, la gaîté que son malheur apporta, firent juger qu'une telle cérémonie ne pouvait qu'être compromise par des accidents semblables ; dès-lors les représentations symboliques furent supprimées.

Quoiqu'il fût très occupé de ses fonctions de maître des cérémonies, Cyprien n'en remarqua pas moins deux têtes à la fenêtre de la mansarde des Garnier : l'aveugle avait voulu *voir* la procession, et pour la première fois sortait de son lit; mais elle voyait par les yeux de son mari, qui lui expliquait la marche de la procession, les tentures des maisons, les personnes qu'il reconnaissait, et le souvenir de Suzanne revint à l'esprit de Cyprien, qui tressaillait à mesure que le cortége approchait du reposoir élevé par madame Le Pelletier. Peut être reverrait il la jeune fille ; mais la maison était tendue de rideaux blancs, et, ainsi que tous les habitants de la ville, les dames Le Pelletier devaient suivre la procession. Il entrait dans la mission de Cyprien de remplir des fonctions assez semblables à celles d'un aide-de-camp : tantôt il était à la tête de la procession, tantôt à la queue. Il invitait les groupes à se mettre en marche, gouvernait les enfants de chœur, communiquait de l'activité, ou inspirait le repos à cette foule nombreuse: et quoique ses allées et venues lui eussent permis de voir défiler presque toutes les figures du cortége, il n'avait remarqué jusque là ni Suzanne, ni sa mère. Il espéra que, veillant au reposoir, il la retrouverait dans son quartier; mais Suzanne était absente là comme ailleurs.

L'évêque avait parcouru une partie de la ville, et il ne restait plus qu'un reposoir à consacrer dans la partie basse de la vieille ville, qui offre agglomérée une population de petits marchands tenant aux anciennes modes. Là seulement se voient encore des chapeliers qui ont conservé pour enseigne ces énormes chapeaux de bois rouge galonnés d'argent et d'or. Le laquais d'un géant seul pourrait se coiffer de ces chapeaux à cornes considérables. D'immenses canardières allongées se voient à la porte des armuriers et se dressent vers le ciel ; les objets servant d'enseigne aux boutiques prennent tous des proportions considérables, et, pour frapper davantage la vue, sont bariolés des couleurs les plus voyantes. Un mercier-bimbelotier, qui vend aussi des bésicles, a au-dessus de sa porte d'entrée d'énormes lunettes avec deux verres, dont l'un vert-pomme et l'autre bleu, doivent singulièrement contrarier la vue de quiconque oserait s'en servir. Des parapluies considérables, en bois colorié de couleurs verdoyantes, qui se dressent jusqu'au toit de la maison, semblent avoir été imaginés pour Gargantua ; mais ces chapeaux rouges de laquais, ce fusil long deux fois comme un fusil de rempart, ces lunettes, ces grands parapluies, ne sont en montre que pour étonner le regard.

La forme des maisons du quartier n'a pas plus varié que l'ancienne tradition commerciale : ce ne sont que vieilles bâtisses en bois lézardées, enchevêtrement de poutres aux étages supérieurs, pignons sur la rue ; bâtiments pauvres qui ont perdu leur aplomb, fenêtres à vitres enchâssées dans du plomb ; mascarons grimaçants au bout des poutres ; petites portes à clous, fenêtres basses protégées par des grilles ventrues ; vieilles sculptures à demi-effacées ; ornements d'ardoises courant le long des poutres de la façade. Au dedans des maisons, les mœurs et les coutumes sont restées purement normandes ; aussi le reposoir différait-il entièrement des précédents. L'aspect général faisait penser à ces chapelles, célèbres par leurs saints guérisseurs, où des pèlerins emplissent les murs de leurs *ex-votos*. L'autel offrait un amas d'objets confus sans nécessité, remarquables par la variété de leurs couleurs. Les petits marchands avaient dévalisé leurs magasins pour orner le reposoir : c'étaient des fleurs de papier colorié, mélangées de clinquant, de petits tableaux de sainteté grossièrement enluminés, des bocaux de fleurs artificielles sans harmonie entre elles, des ornements en paillettes, d'anciennes franges d'argent noirci.

Le cortége devait arriver à l'autel par une avenue formée de grands rideaux d'indienne à sujets imprimés en rose, qui étaient fort de mode dans les petites provinces il y a cinquante ans. Ces rideaux, inspirés des compositions de Boucher, étaient couverts de bergers et de bergères qui étudiaient volontiers l'*Art d'aimer* dans les bocages ; mais les petits marchands ne s'inquiétaient pas de ces sujets, et l'idée ne leur était même pas venue qu'on pût y faire attention pendant la procession.

Le cortége avançait vers le reposoir, l'avant-garde des enfants de chœur saluait l'autel et lançaient en l'air des fleurs effeuillées, lorsqu'un cri perçant de femme fit tressaillir Cyprien, qui se retourna vivement. Une flamme sortait des rangs de jeunes filles marchant à la file ; le feu d'un cierge avait pris au voile d'une des jeunes filles, toutes ses compagnes, perdant la tête, au lieu de la secourir, se sauvaient en poussant des cris de détresse. Cyprien se précipita d'un bond sur la jeune fille, dont la voix l'avait douloureusement impressionné ; en arrachant le voile enflammé, il reconnut Suzanne. Déjà le haut de la robe commençait à prendre feu, une odeur de cheveux brûlés indiquait la violence du danger. Cyprien saisit Suzanne dans ses bras et la serra convulsivement en appuyant ses mains sur sa tête. Il agissait instinctivement, car il ne savait plus ce qu'il faisait, il ne raisonnait plus, il n'avait pas conscience du danger qu'il courait, son surplis léger pouvant s'enflammer facilement au contact de la robe de Suzanne. Toute la procession était en déroute ; les curieux avaient rompu les rangs et séparaient le cortége de ce petit drame. On criait : « De l'eau ! de l'eau ! » Suzanne était évanouie dans les bras de Cyprien, qui, le cœur plein d'émotions, suivait avec inquiétude les traces que le feu avait laissées dans la chevelure de la jeune fille ; heureusement, la rapidité et le sang-froid que Cyprien déploya dans cette action, firent que la flamme étouffée ne put continuer ses ravages. Un petit jet d'eau disposé en avant du reposoir permit de faire revenir Suzanne à elle ; aussitôt les premiers soins donnés, confiée à des personnes qui s'offraient à la reconduire, elle put être transportée à la maison de sa mère.

VIII

Inquiétudes de Cyprien.

Le bruit de cet accident s'était répandu petit à petit parmi les curieux ; mais de même que ceux qui suivaient la procession par derrière ne pouvaient connaître le nom de la jeune fille à qui l'accident était arrivé, de même la nouvelle avait grossi, on ne parlait pas moins que d'une enfant dévorée par les flammes. Madame Le Pelletier apprit ce malheur sans connaître d'abord combien il la touchait de près ; cependant elle en fut émue extraordinairement, car elle ressentait le chagrin que toute mère doit éprouver en présence d'un tel malheur. Le cortége défilait entre les deux haies de jeunes filles qui conduisent au reposoir; naturellement la veuve du président jeta un coup d'œil à la place où elle supposait devoir se trouver Suzanne ; ne l'apercevant pas d'abord, elle fut saisie, sentit son cœur se resserrer, car au précédent reposoir elle était certaine d'avoir vu Suzanne entre deux jeunes filles de la même rue. Puis elle espéra que sa fille avait changé de rang ; d'un rapide coup d'œil, elle suivit la ligne des robes, des voiles blancs et des cierges allumés ; et quoique toutes ces enfants fussent à peu près de la même taille, vêtues de la même manière, madame Le Pelletier ne put s'y tromper : sa fille n'était plus dans le cortége.

— Suzanne? où est Suzanne? s'écria-t-elle en s'adressant justement à l'enfant dont le cierge avait allumé le voile de Suzanne. L'enfant, déjà sous le coup de l'impression de ce malheureux événement, fut effrayée des inquiétudes que trahissait la voix de madame Le Pelletier ; n'obtenant pas de réponse, la veuve du président crut sa fille morte, poussa un cri de désespoir et se laissa tomber inanimée sur le pavé.

Ce fut seulement alors que M. de Boisdhyver connut le trouble qui s'était manifesté à deux reprises pendant la procession et la consécration du reposoir. Cyprien lui apprit l'accident, et il exagéra le malheur arrivé à Suzanne. De même que madame Le Pelletier, Cyprien avait ressenti une inquiétude si vive, qu'il lui fallut appeler à lui tous ses esprits pour se contenir et ne pas voler auprès de la malade. Quoique l'ayant secourue, il ne savait pas l'état de ses blessures ; il avait vu une flamme s'élever au-dessus de la tête de Suzanne, et cette flamme restait perpétuellement devant ses yeux. Il était d'une pâleur mortelle, sauf une plaque rouge qui s'étendait sur la tempe gauche, et qui provenait d'une légère brûlure communiquée par la pression exercée sur Suzanne. C'est en revenant à l'évêché que Cyprien put donner à l'évêque quelques détails sur l'événement. Heureusement le jeune prêtre avait joué un rôle assez actif pour expliquer la pâleur et l'émotion qui le tenaient encore. M. de Boisdhyver se dépouilla de ses habits épiscopaux et manifesta l'intention d'aller aussitôt chez les dames Le Pelletier. Cyprien était auprès de lui, inquiet, faisant mille questions, s'agitant pour attirer son attention, car son plus vif désir était d'accompagner M. de Boisdhyver, et l'évêque ne paraissait pas jusque-là l'engager à le suivre. Demander à accompagner le prêtre, n'était ce pas livrer son secret? Ne valait-il pas mieux ne pas paraître devant Suzanne, car Cyprien, rien qu'en se représentant cette entrevue, sentait le trouble s'emparer de lui et accuser l'état secret de son cœur.

— Vous êtes encore ému, mon cher Cyprien; je ne vous emmène pas... je vous conseille de vous reposer... Cette journée a été fatigante pour vous, mon enfant; attendez-moi, je vais seulement dire à madame Le Pelletier la part que je prends à son malheur, et je rentre aussitôt.

— Son malheur!... s'écria Cyprien d'un singulier son de voix ; auriez-vous appris des nouvelles fâcheuses, monseigneur?

— Je ne sais rien que par vous, mon

cher Cyprien, et j'espère que vous aurez exagéré cet accident!...

— Oh! certainement, monseigneur, elle n'est pas brûlée autant que je l'ai cru d'abord... Oui, monseigneur, vous avez raison d'y aller vous-même... Madame Le Pelletier sera bien heureuse de vous voir si quelque chose peut adoucir son affliction...

L'évêque partit suivi de son valet de chambre et reconnut la maison de la veuve du président à la quantité de personnes qui se pressaient autour : la rue était semée de groupes de femmes qui commentaient l'accident et en racontaient des détails nouveaux à chaque personne qui arrivait. On vantait surtout la présence d'esprit et le courage du petit évêque qui devait avoir, disait-on, la moitié du corps brûlé. Comme on le vit revenir pâle et défait, chacun commentait les plaies que le feu avait faites sur son corps et la force avec laquelle il avait pu les supporter : dès que les voisines aperçurent l'évêque déboucher la rue, elles firent un profond silence, se signèrent sur son passage et le laissèrent entrer sans mot dire ; mais aussitôt la foule s'aggloméra devant la porte, comme si elle eût dû entendre ce qui se disait au dedans, et les langues les plus enragées se rendirent en ville afin d'apprendre cette nouvelle que M. de Boisdhyver lui-même était venu à pied apporter les derniers secours de la religion à Suzanne qui se mourait.

M. de Boisdhyver fut introduit dans la chambre de la malade par la femme du docteur Richard qui avait accompagné son mari pour aider madame Le Pelletier qui en avait grand besoin, elle-même ayant été prise de spasmes nerveux. Le plus grand calme régnait dans la petite chambre de Suzanne qu'on avait déshabillée et mise au lit. Près d'elle était le docteur Richard préparant des compresses sur une table roulée près du lit. Madame Le Pelletier, assise sur une chaise, paraissait en proie au plus profond accablement.

—Madame Le Pelletier, lui dit la femme du docteur, voici monseigneur qui vient vous demander des nouvelles de Suzanne.

— Ah ! monseigneur ! s'écria-t-elle en fondant en larmes et en tombant à ses genoux.

— Relevez-vous, madame, lui dit l'évêque.

Et en même temps il interrogeait le docteur du regard.

—Ce ne sera rien, madame Le Pelletier, dit le docteur en quittant ses compresses ; la peur a été plus grande que les brûlures, et cette pauvre Suzanne a eu un léger transport au cerveau.

M. de Boisdhyver s'était approché du lit de la malade et ne pouvait voir la figure de Suzanne, presque tout entière entourée de linges mouillés.

— Elle ne me parle pas, elle ne veut pas me parler, disait la veuve du président qui avait suivi l'évêque.

—Mieux vaut ce qu'elle a, dit le docteur, que ce qu'elle aurait pu avoir.. Je guérirai le transport facilement, et je n'aurais jamais guéri ses brûlures...

— Vous entendez monsieur le docteur, madame Le Pelletier, dit l'évêque en entraînant la veuve dans un coin de l'appartement et en essayant d'apaiser ses inquiétudes par des paroles pleines d'onction que cette vive douleur lui inspira. D'après la parole de l'évêque, la veuve prit un livre de prières et endormit ses peines en les rafraîchissant à la rosée salutaire de l'*Imitation*.

Pendant que la femme du docteur restait auprès de Suzanne, M. de Boisdhyver avait entraîné M. Richard dans un coin de l'appartement et lui demandait ce qu'il pensait véritablement de la tournure de la maladie.

— Suzanne, dit le docteur, a été prise d'une telle frayeur, que ses facultés se sont renversées sur le moment : elle a une forte fièvre, le délire viendra certainement cette nuit, c'est ce que je crains le plus pour madame Le Pelletier ; aussi vous prierai-je, monseigneur, d'employer tout votre ascendant pour l'engager à se reposer, car je ne voudrais pas la laisser tête à tête avec sa fille en un pareil moment. Je ne quitterai pas Suzanne cette nuit ; j'espère que le délire ne durera guère plus de douze heures ; ma femme viendra me remplacer demain matin pendant mon service à l'hôpital, et je reviendrai aussitôt...

— Est-ce que, demanda l'évêque, cette maladie aura une longue durée ?

— De quinze jours à trois semaines, dit le docteur, suivant ce qui va se passer les deux premiers jours... Je ne peux pas au juste fixer la durée, nos connaissances sont si faibles !... Mais j'espère qu'il n'y a rien de dangereux dans un pareil cas...

M. de Boisdhyver voyant que madame Le Pelletier était sous l'influence de la prière, ne jugea pas à propos de lui parler sur l'instant ; il prit une chaise auprès du lit de Suzanne, qui ne remuait pas, mais qu'on entendait respirer. En examinant cette petite chambre de jeune fille, l'évêque se rendit compte de la simplicité de la vie des dames Le Pelletier.

Un simple papier gris perle ornait les

murs de cette chambre tranquille, garnie des meubles les plus indispensables, et dont les fenêtres et l'alcôve n'étaient fermées que par des rideaux de calicot blanc. Des deux côtés de la petite glace, au-dessus de la cheminée, se voyaient deux miniatures représentant le père et la mère de madame Le Pelletier ; sous des costumes et des coiffures d'un autre règne, apparaissait toujours cette suprême bonté bienveillante que la veuve montrait sur ses lèvres comme le plus précieux des trésors.

Divers petits objets de jeune fille servaient à rehausser la simplicité de cet appartement : c'étaient, sur la cheminée, de petits corbillons en fleurs de lavande, tressés de soie jaune et rose; un ancien piano de forme étroite et allongée tenait la plus grande place dans cette chambre; des tableaux en tapisserie représentant des fleurs étaient accrochés au mur. Le mobilier n'était pas de la dernière mode; mais le soin et l'entretien que Suzanne donnait aux moindres objets de sa chambre la rendaient plus gaie que si elle avait été ornée d'un riche mobilier.

Tout le luxe avait été apporté à la toilette qui servait à Suzanne à s'habiller; non pas que cette toilette fût garnie de ces mille flacons, de ces mille boîtes à onguents dont se servent les femmes à la mode : une carafe seule se détachait sur le marbre blanc de ce coquet petit meuble ancien, et démontrait que l'eau pure était le seul liquide employé par la jeune fille pour sa toilette. Sous le meuble était un vieux vase de faïence, orné de dessins chinois, dans lequel on avait l'habitude autrefois de mettre de petits arbustes de jardin. Le matin, après avoir soigneusement tiré ses rideaux, Suzanne se versait résolûment de grandes carafes d'eau sur le corps, et cet immense pot de fleurs était destiné à empêcher l'eau de se répandre dans l'appartement.

Une haute armoire de chêne, que le docteur avait ouverte pour y chercher ses compresses, montrait des montagnes de draps, de serviettes, de chemises empilées par ordre les unes sur les autres : l'accident survenu à Suzanne, en introduisant des étrangers dans sa chambre, disait toutes ses qualités de fille élevée en bonne ménagère. Peut-être eût-elle rougi de voir tout à coup sa vie intérieure livrée à l'examen de personnes étrangères; mais l'évêque et le docteur ne pouvaient retirer de leurs observations que la pensée d'une jeune fille pure, élevée par une femme connaissant tout le prix du travail en ménage.

De ce côté, la province a ses grandeurs particulières que rien ne lui saurait enlever : les tranquillités de la vie de famille, les douces satisfactions d'une journée bien occupée, la monotonie des existences vertueuses, l'accomplissement des devoirs domestiques, le sentiment de calme qu'un esprit inquiet éprouve en respirant cette atmosphère, sont loin des petites passions, des intérêts médiocres, des oisivetés de la conversation et des menus propos qui se remarquent chez les provinciaux actifs.

Quoique habitant une petite ville de la basse Normandie, madame Le Pelletier n'était pas une *provinciale*. Sa vie recluse, l'éloignement qu'elle mettait à fuir la société, le mépris qu'elle avait pour les commérages de petits endroits, ses instincts charitables et sa piété, en faisaient une de ces femmes si rares à rencontrer. S'il est donné à quelques rares esprits de se rendre compte par le moindre fait d'une existence entière, de même que Cuvier reconstruisait un animal fossile en retrouvant une simple dent, M. de Boisdhyver, en arpentant de l'œil les objets peu significatifs qui ornaient la chambre de Suzanne, put, mieux qu'il ne l'avait fait jusqu'alors, sonder le fond de l'existence tranquille des dames Le Pelletier. Pour la première fois depuis son arrivée à Bayeux, il rencontrait un de ces esprits-sœurs qui réjouissent d'autant plus l'homme de bien qu'ils sont plus clairsemés. Aussi, plongé dans ces réflexions, prenant racine par le silence qui les faisait germer, M. de Boisdhyver passa deux heures près du lit de la malade, oubliant la présence de Su-

zanne, du médecin qui allait et venait, de
madame Le Pelletier qui lisait. L'évêque
reconstruisait lentement cette existence de
veuve sans passions, et se laissait aller
avec charme à ses réflexions. Le timbre
aigu d'une petite pendule vint le rappeler
à la réalité; sept heures sonnaient, la nuit
était venue, il fallait songer à rentrer à l'é-
vêché. Avant de partir, M. de Boisdhyver
prit madame Le Pelletier à part, lui dit
que le docteur passerait la nuit auprès de
Suzanne, rassura la pauvre mère et l'en-
gagea à se reposer. L'esprit de la veuve
était plus calme : sa pieuse lecture l'avait
consolée, surtout la présence de l'évêque.
Elle promit d'obéir aussitôt que le docteur
le jugerait convenable.

Ne voyant pas revenir l'évêque, Cyprien

fut pris d'une inquiétude telle qu'il n'en avait jamais ressenti de semblable. Sa pensée suivait M. de Boisdhyver et était entrée avec lui chez les dames Le Pelletier. Au début, Cyprien fut heureux du départ de l'évêque, qui rapporterait certainement des nouvelles ; il aurait vu la malade, il se serait approché d'elle, il aurait vécu dans son milieu, il aurait respiré le même air ; c'est ce qui fait qu'un messager qui a vu une personne chère dont on est séparé, devient souvent mieux qu'un ami, car il apporte presque la moitié de l'objet désiré. Ses yeux ont communiqué avec les yeux de l'absente, ses oreilles ont recueilli sa voix ; on se plaît à douer l'être le plus grossier de sensations délicates, uniquement parce qu'il a approché de dé-

licatesses chéries. M. de Boisdhyver, s'il
avait pu voir Suzanne, n'était-il pas l'homme
qui pouvait rendre le plus délicatement
les moindres mots sortis de la bouche de
la jeune fille.

Un quart d'heure se passa ainsi pour
Cyprien, qui calculait le temps que l'évêque pouvait mettre à se rendre chez madame Le Pelletier ; les yeux fixés sur une
horloge, Cyprien suivait M. de Boisdhyver
dans la maison, faisait une petite part à la
conversation, donnait plus de temps aux
consolations, et s'imaginait entendre l'é-
vêque fermer la porte de la rue et revenir
à son palais ; mais, ainsi qu'il arrive quand
on attend, la pendule ne marchait pas, les

aiguilles accomplissaient leur rotation avec une lenteur désespérante. Les minutes deviennent des siècles quand la vue s'obstine à suivre la marche invisible des aiguilles. Cyprien, inquiet, résolut de ne plus regarder la pendule et lui tourna le dos, mais ces petites colères contre les heures ressemblent aux bouderies d'amoureux qui jurent de se fâcher à jamais et qui s'embrassent un moment après : à peine sa résolution était-elle prise, que Cyprien se retournait pour regarder de nouveau la pendule; ni les regards suppliants, ni les regards irrités n'avaient le pouvoir d'accélérer le lent balancement du lourd pendule en cuivre, indifférent aux passions humaines, qui marque méthodiquement : mort, naissance, amour, amitié, joies, haines, duels, commerce, rendez-vous, les grandes actions et les misères de l'humanité.

Au bout d'une heure, Cyprien jugea Suzanne plus malade qu'il ne le croyait; car M. de Boisdhyver serait rentré s'il n'avait trouvé la famille dans l'affliction, et hors d'état par sa douleur de s'occuper de la jeune fille. Chaque minute qui s'ajoutait à la précédente, le confirmait dans cette idée et même l'exagérait ; il en arriva à la croire morte. S'il ne s'était retenu, il serait sorti de l'évêché et aurait couru chez madame Le Pelletier, tant l'image de Suzanne lui tenait au cœur. Que de tourments ! Il voulait pleurer et ses yeux étaient secs et brûlants; la flamme qu'il avait éteinte sur la tête de Suzanne, il la sentait maintenant au dedans de lui, une flamme dévorante semblable à celle qui s'abat sur une forêt en automne et qui laisse un terrain sec et calciné; ainsi étaient dévorées ses idées, ses connaissances, ses réflexions, depuis qu'il avait âge de jeune homme, pour laisser à la place des landes mornes et rougeâtres. Il lui restait un corps en apparence, mais dont il ne pouvait plus se servir, pas plus qu'on ne peut se loger dans une maison incendiée où ne sont à l'intérieur que poutres noircies, carreaux brisés et pas de meubles.

L'homme a besoin de s'asseoir au-dedans sur quelque idée, et la mort de Suzanne avait tout détruit, comme une bande de voleurs qui s'emparent d'un château. Un éclair de joie amère sembla passer sur les traits de Cyprien, qui s'applaudit tout à coup de la liberté que lui donnait cette mort : déjà il avait trop souffert; déjà il avait connu la jalousie; déjà il avait oublié ses devoirs, son ministère; il était indigne de la faveur dont l'honorait l'évêque, et ses souffrances étaient une expiation. Suzanne morte le rendait à la vie pieuse; après avoir échappé à ce piége que lui tendait le démon, désormais il se sentait fort, il baissait les yeux pour ne plus rencontrer les doux yeux des femmes; mais ces projets de réforme que le jeune prêtre croyait sincères s'écroulèrent quand, en levant la tête, il s'aperçut que M. de Boisdhyver était absent depuis près de deux heures. Alors la mort de Suzanne lui parut confirmée par cette absence, et la douleur revint à son poste remplacer la fausse sentinelle qui s'en était emparée par surprise.

Tout ce que venait de penser Cyprien, cette sorte de contentement amer qu'il avait ressenti, n'étaient que des pensées variables comme la forme des nuages. La douleur est capricieuse et revêt mille costumes plus sombres les uns que les autres. Cyprien était assis auprès de son bureau : il saisit machinalement une plume et écrivit *Suzanne* sur une feuille de papier. Les noms aimés ont des assonances harmonieuses particulières; les syllabes elles-mêmes participent à ce charme, chaque lettre devient comme un emblème de la personne chère. Aussi, malgré sa douleur, Cyprien se complaisait il à tracer le nom de Suzanne sur le papier : l'épithète de *chaste*, qui s'accole bibliquement à ce prénom, ne suffisait plus à Cyprien, qui eût voulu trouver pour la jeune fille des termes inconnus aux litanies. Il avait ainsi couvert une grande feuille de papier de *Suzannes*, les uns en gros caractères, les autres imperceptibles, lorsqu'un léger bruit le fit tressaillir, et il froissa convulsivement la feuille de papier dans sa main.

M. de Boisdhyver rentrait. Tenant son

secret enfermé dans son poing, Cyprien se leva, et quoiqu'il eût hâte de demander des nouvelles de Suzanne, il ne put trouver un mot, à cause du trouble qui l'agitait.

— Mon pauvre Cyprien, dit l'évêque en jetant les yeux sur la pendule, je vous ai fait attendre votre dîner... Vous avez mangé, j'espère ?

— Non, monseigneur.

— Vous avez eu tort, je m'étais oublié... Dites, je vous prie, à Augustin qu'il nous serve.

Mais Cyprien ne remuait pas, attendant des nouvelles.

— Allons, je vois que vous n'avez pas un grand appétit, et ce petit jeûne vous aura été moins sensible.

— En effet, monseigneur, j'avais également oublié l'heure de dîner, à cause de ces événements...

Ici Cyprien s'arrêta, espérant qu'après avoir remis M. de Boisdhyver sur la voie de l'accident, il pourrait en tirer quelque nouvelle; mais cette politique n'aboutit à rien sur le moment.

— Il m'étonne qu'Augustin n'ait pas encore mis le couvert. Veuillez donc le prévenir...

Cyprien, n'osant parler de ce qui l'intéressait si vivement, car il lui semblait que chaque parole ayant trait à Suzanne dénotait son secret, courut à l'office et pressa le valet de chambre de servir l'évêque. Jamais Augustin n'avait vu le jeune prêtre si pétulant; il accablait de reproches le vieux serviteur qui était en retard, qui avait besoin d'être prévenu, qui aurait dû entendre rentrer Son Éminence. Dans ce moment, il était inutile que Cyprien rentrât dans l'appartement de M. de Boisdhyver en train de changer de costume, et il harcelait Augustin qui se disait au-dedans de lui :

— Quel démon que M. l'abbé Cyprien !

— Allons, Augustin, vous n'êtes pas encore prêt; monseigneur se meurt de faim.

— Monsieur l'abbé, ce n'est réellement

pas de ma faute ; la cuisinière avait retiré depuis une heure les plats de devant le feu, crainte que le dîner ne fût brûlé... il a fallu les réchauffer.

— Monseigneur n'est pas content.

Augustin tremblait, car il jugeait de l'impatience de l'évêque par celle de son secrétaire ; c'était la première fois qu'il constatait cette impatience ; car ayant suivi M. de Boisdhyver depuis vingt ans, jamais jusque-là il n'avait subi de sa part ni caprices ni brusqueries. Frappé de ce changement subit, il croyait absolument aux moindres paroles de Cyprien, que jusque-là il avait trouvé également bon et doux vis à-vis de lui. Aussi le vieux domestique perdait-il la tête, quoique le service de la table fût peu compliqué, en ressentant une partie des troubles qui emplissaient l'esprit de Cyprien; il allait et venait de l'office à la cuisine, préparant ses plateaux, oubliant les choses les plus nécessaires; enfin, harcelé par Cyprien, il se décida à dresser le couvert.

Sous le coup des événements de la journée, l'évêque était absorbé; l'image de cette famille désolée était restée si vive dans son cerveau, qu'il la pouvait regarder comme au fond d'une chambre noire. Cyprien, plus inquiet que jamais, craignait la première parole qui aurait trait à Suzanne ; tout son sang était au cœur ; il lui semblait qu'au moindre mot il allait remonter au cerveau et colorer ses joues d'un rouge ardent déposant contre lui. La perplexité du vieux domestique n'était pas moins grande : Augustin, en jetant un regard timide sur M. de Boisdhyver, le voyant dans une méditation profonde, s'imagina que l'évêque cherchait à étouffer sa bonté naturelle pour lui faire de grosses réprimandes.

La pensée de Suzanne flottait à ce moment dans le petit salon et agitait tous les esprits, sauf celui du vieux valet de chambre qui en recevait le contre-coup. Ces sortes de sensations se devinent quelquefois, et l'histoire a conservé ce singulier souvenir de deux amis dont l'un pensait toujours sans parler, et provoquait des réponses correspondant juste au travail du cerveau, quoique sa bouche n'indiquât rien de ce qui se passait en lui ; mais, pour les entretiens où la voix et le son n'ont aucune part, il faut deux esprits de la même valeur, se comprenant par le regard, ayant contracté, à la suite de longues fréquentations, l'horreur de paroles inutiles, et se communiquant seulement par la pensée l'échange de sensations vives.

M. de Boisdhyver, tout entier à ses méditations, ne s'apercevait pas que l'esprit curieux de Cyprien était entré en lui et le fouillait pour ainsi dire. Si le mot de magnétisme n'avait été déshonoré par le honteux emploi que des charlatans et des ignorants en font tous les jours, ce mot seul pourrait rendre compte de cette sorte de seconde vue qui mettait à même Cyprien de suivre les pensées de l'évêque, comme s'il eût regardé par une fenêtre du cerveau. La passion amène ces étranges phénomènes difficiles à analyser, et que seul peut comprendre tout être qui a profondément aimé.

— Elle est bien malade, monseigneur?

A ce cri qui faisait explosion et que Cyprien n'avait pu retenir, l'évêque, sans s'étonner, répondit :

— Oui, je la crois bien malade.

Si M. de Boisdhyver n'avait eu la pensée fortement tendue vers la jeune fille, il eût été frappé du son de voix de Cyprien et du mot *elle,* qui prenait dans la bouche du jeune homme un son particulier, mais la question répondait si justement aux inquiétudes de l'évêque, qu'il la trouva toute naturelle.

— Mais vous êtes brûlé aussi, mon cher

Cyprien, s'écria M. de Boisdhyver en jetant un coup d'œil sur son secrétaire.

— Oh! ce n'est rien, monseigneur.

— Vous avez dû souffrir, mon pauvre ami, et vous ne m'en avez rien dit... Augustin, pourquoi n'avez-vous rien préparé pour panser la blessure de Cyprien?

— Monseigneur, M. l'abbé n'a rien dit, et je ne m'en étais pas aperçu.

— J'aurais voulu avoir été brûlé plus

profondément, si j'avais pu sauver mademoiselle Le Pelletier.

— M. Richard croit à une maladie d'une certaine durée, mais il espère que mademoiselle Le Pelletier aura la vie sauve.

— Ah! s'écria Cyprien.

— Je n'ai pu voir cette pauvre jeune fille; elle a la tête enveloppée de linges, de compresses... demain j'y retournerai, et si je ne pouvais y aller le matin, vous seriez bien bon, Cyprien, d'y passer.

— Oh! oui, monseigneur.

— Madame Le Pelletier veut vous voir, elle m'a parlé de vous, elle vous regarde comme le sauveur de sa fille...

— Ah! madame Le Pelletier l'a dit.

— Quelle honnête famille! et comme l'affliction peut prendre en un instant la place du bonheur... Voyez, mon cher Cyprien, la belle fête qui se préparait et qui a eu un si fâcheux dénoûment?

— Demain, à quelle heure le **matin**? demanda Cyprien.

— De bonne heure, mon ami, madame

Le Pelletier pense à peine à se reposer... Que ceci, mon cher Cyprien, vous montre le néant des joies humaines... Un rien ternit la beauté la plus accomplie... La vie est une longue série d'épreuves douloureuses.

FIN DU DEUXIÈME VOLUME.

TABLE DES CHAPITRES.

		Pages
Chapitre	I. Un étudiant de province.	1
—	II. Nouvelle visite aux Garnier.	33
—	III. La retraite	79
—	IV. La noce normande	121
—	V. L'évêché restauré.	161
—	VI Les demoiselles Loche	201
—	VII. La Fête-Dieu.	237
—	VIII. Les Inquiétudes de Cyprien	275

FIN DE LA TABLE.

Fontainebleau, imp. de E. Jacquin.

NOUVEAUTÉS TERMINÉES.

MADEMOISELLE LA RUINE
Par *X. de Montépin et Capendu*, 5 vol.

LES DIABLES ROSES
Par *Adrien Robert*, 4 vol.

MONSIEUR DE BOISDHYVER
Par *Champfleury*, 4 vol.

Mademoiselle de Pons
Par la comtesse *Dash*, 3 vol.

LA MEILLEURE PART
Par *G. de la Landelle*, 4 vol.

UN CARNAVAL DE PARIS
Par *Méry*, 3 vol.

LES ŒUFS DE PAQUES
Par *Roger de Beauvoir*, 2 vol.

LE BONHOMME MAUREVERT
Par *le marquis de Foudras*, 2 volumes.

L'AMOUR A L'AVEUGLETTE
Par *Maximilien Perrin*, 2 vol.

QUINTIN LE FORGERON
Par *Charles Deslys*, 3 vol.

LA DERNIÈRE DES FÉES
Par *James*, 1 vol.

LA SYRÈNE
Par *Xavier de Montépin*, 2 vol.

ÉLIE
Par *Marcel Chassériau*, 2 vol.

Fontainebleau. — Imp. de E. Jacquin.

I.

www.ingramcontent.com/pod-product-compliance
Lightning Source LLC
Chambersburg PA
CBHW060512170426
43199CB00011B/1422